とちぎの絶景
Spectacular Tochigi Scenery

小杉 国夫　Kunio Kosugi

下野新聞社

栃木に魅せられて！

　栃木県に生まれ、住み続けて60数年、そして、栃木県の自然と花を撮影して30数年が経つ。仕事柄、日本各地の山々や花名所を訪ねてきたが、私にとっては「栃木が最も魅力ある地」である。日光や那須の山々、鬼怒川や那珂川の流れ、中山間地から平野部にかけて残る豊かな自然……。四季それぞれに撮影ポイントには事欠かない。

　県内の花名所を書籍として最初にまとめたのが「花とちぎ路」(1992年下野新聞社)で、以来、テーマを変えては栃木の花や自然を紹介してきた。場所によっては残念ながら、自然変異や人や動物の影響を受けて変わ

photo／春の明智平付近、男体山（中央）〜女峰山（右）も一望

ってしまった景色もあるが、基本的には年によって様々な変化を見せ、歩けば歩くほどに新しい発見がある。また、自然だけでなく、花をテーマにして整備された公園も次々と誕生している。

今回、「とちぎの絶景」を企画するにあたり、撮影の対象を自然に限定せず、人工的なものも含めて取材を進めていきたが、どこの何を選定するかでは、私にとって感動する絶景となると、やはり自然をテーマにしたものがほとんどであった。また2017〜18年にかけて、県内をくまなく取材し、その年の写真を掲載しているが、一部に限っては以前に撮影したお気に入りの写真を使っている。

"とちぎの魅力再発見！"

栃木県内にはまだまだ魅力ある絶景の地がたくさんある。本書を通して、栃木在住の地元の人々も、また他県から訪れる人々も、ぜひその絶景ポイントに行き、その魅力を存分に味わっていただきたい。

小杉 国夫
Kunio Kosugi

とちぎの絶景
Spectacular Tochigi Scenery

Spring

- 010 ① みかも万葉庭園のシダレウメ
- 012 ② 焼森山のミツマタ
- 014 ③ みかも山公園のカタクリ
- 016 ④ 大柿花山のハナモモ
- 018 ⑤ 那須ハートフルファームのナノハナ
- 020 ⑥ 思川沿いのナノハナ
- 022 ⑦ 西方のシダレザクラ
- 024 ⑧ 古賀志の孝子桜
- 026 ⑨ 光明寺のシダレザクラ
- 027 ⑩ 磯上のヤマザクラ
- 030 ⑪ あしかがフラワーパークのフジ
- 032 ⑫ 東那須野公園のスイセン
- 034 ⑬ 那須フラワーワールドのチューリップ
- 036 ⑭ 芝ざくら公園のシバザクラ
- 038 ⑮ 茶ノ木平遊歩道のアカヤシオ
- 040 ⑯ 明智平のアカヤシオ
- 042 ⑰ マウントジーンズ那須のシロヤシオ
- 044 ⑱ 八幡つつじ園地
- 046 ⑲ 井戸湿原のツツジ類
- 048 ⑳ 小間々の女王
- 050 ㉑ 竜化ノ滝の新緑
- 051 ㉒ 中禅寺湖栃窪のトチノキ

Summer

- 054 ㉓ 千手ヶ浜のクリンソウ
- 056 ㉔ 上三依水生植物園のクリンソウ
- 058 ㉕ 古峯園のハナショウブ
- 060 ㉖ 黒羽城址公園のアジサイ
- 062 ㉗ 戦場ヶ原のワタスゲとズミ
- 066 ㉘ 松木渓谷
- 068 ㉙ キスゲ平の雲海とニッコウキスゲ
- 072 ㉚ 油田のヤブカンゾウ
- 074 ㉛ 鬼怒沼
- 076 ㉜ 尚仁沢湧水
- 078 ㉝ 中禅寺湖俯瞰
- 080 ㉞ 日光白根山と五色沼
- 082 ㉟ 小田代原のノアザミ
- 084 ㊱ 高原山麓のナツエビネ
- 086 ㊲ ハンターマウンテンゆりパーク
- 088 ㊳ 見野のハス畑
- 090 ㊴ 益子のヒマワリ
- 092 ㊵ 野木のヒマワリ
- 094 ㊶ 田代山のキンコウカ
- 095 ㊷ 帝釈山のオサバグサ

002 ごあいさつ　　006 絶景マップ　　008 本書の使い方

Autumn

098 ㊸ 上永野のソバ畑
100 ㊹ 長畑のソバ畑
102 ㊺ 那須フラワーワールドのケイトウ
104 ㊻ 常楽寺のヒガンバナ
106 ㊼ 出流ふれあいの森のシュウカイドウ
108 ㊽ 益子のコスモス
110 ㊾ 姥ヶ平の紅葉
112 ㊿ 駒止ノ滝の紅葉
114 (51) 小田代原湖
116 (52) 竜頭ノ滝の紅葉
118 (53) 華厳ノ滝と紅葉
120 (54) 八丁出島の紅葉
122 (55) 瀬戸合峡の紅葉
124 (56) 塩原渓谷の紅葉
126 (57) 日塩もみじラインの紅葉
128 (58) 蓬莱山の紅葉
130 (59) 大芦渓谷の紅葉
132 (60) 鎌倉山の雲海
133 (61) 大山参道の紅葉
136 (62) 鑁阿寺の大イチョウ
137 (63) 須賀川の干し柿

Winter

140 (64) 渡良瀬遊水地の朝焼け夕焼け
144 (65) 湯西川温泉のかまくら
147 (66) あしかがフラワーパークのイルミネーション
148 (67) 菖蒲ヶ浜の日の出
150 (68) 光徳沼の霧氷
152 (69) 中禅寺湖のしぶき氷
154 (70) 裏見ノ滝の氷柱
156 (71) スッカン沢の氷柱
158 (72) 小口川の氷柱
160 (73) 鬼怒川のハクチョウ飛来地
162 (74) 東古屋湖の流氷
164 (75) 日光杉並木街道
165 (76) 神橋の雪景色
167 (77) 上永野・蝋梅の里

168 道の駅などのご案内　173 路線図　174 あとがき

とちぎの絶景

Spectacular Tochigi Scenery

足利市
⑪ あしかがフラワーパークのフジ
(62) 鑁阿寺の大イチョウ
(66) あしかがフラワーパークのイルミネーション

市貝町
⑭ 芝ざくら公園のシバザクラ

宇都宮市
⑧ 古賀志の孝子桜

大田原市
⑩ 磯上のヤマザクラ
㉖ 黒羽城址公園のアジサイ
(63) 須賀川の干し柿

小山市
⑥ 思川沿いのナノハナ
(64) 渡良瀬遊水地の朝焼け夕焼け

鹿沼市
⑲ 井戸湿原のツツジ類
㉕ 古峯園のハナショウブ
㉚ 油田のヤブカンゾウ
㊳ 見野のハス畑
㊸ 上永野のソバ畑
㊻ 常楽寺のヒガンバナ
(59) 大芦渓谷の紅葉
(77) 上永野・蝋梅の里

佐野市
① みかも万葉庭園のシダレウメ
(58) 蓬莱山の紅葉

塩谷町
㉜ 尚仁沢湧水
㊱ 高原山麓のナツエビネ
(73) 鬼怒川のハクチョウ飛来地
(74) 東古屋湖の流氷

栃木市
③ みかも山公園のカタクリ
④ 大柿花山のハナモモ
⑦ 西方のシダレザクラ
㊼ 出流ふれあいの森のシュウカイドウ
(64) 渡良瀬遊水地の朝焼け夕焼け

那珂川町
(72) 小口川の氷柱

那須町
⑤ 那須ハートフルファームのナノハナ
⑬ 那須フラワーワールドのチューリップ
⑰ マウントジーンズ那須のシロヤシオ
⑱ 八幡つつじ園地
㊺ 那須フラワーワールドのケイトウ
㊾ 姥ヶ平の紅葉
㊿ 駒止ノ滝の紅葉

那須塩原市
⑫ 東那須野公園のスイセン
㉑ 竜化ノ滝の新緑
㊲ ハンターマウンテンゆりパーク
(56) 塩原渓谷の紅葉
(57) 日塩もみじラインの紅葉
(61) 大山参道の紅葉
(71) スッカン沢の氷柱

日光市
⑮ 茶ノ木平遊歩道のアカヤシオ
⑯ 明智平のアカヤシオ
㉒ 中禅寺湖栃窪のトチノキ
㉓ 千手ヶ浜のクリンソウ
㉔ 上三依水生植物園のクリンソウ
㉗ 戦場ヶ原のワタスゲとズミ
㉘ 松木渓谷
㉙ キスゲ平の雲海とニッコウキスゲ
㉛ 鬼怒沼
㉝ 中禅寺湖俯瞰
㉞ 日光白根山と五色沼
㉟ 小田代ヶ原のノアザミ
㊶ 田代山のキンコウカ
㊷ 帝釈山のオサバグサ
㊹ 長畑のソバ畑
(51) 小田代原湖
(52) 竜頭ノ滝の紅葉
(53) 華厳ノ滝と紅葉
(54) 八丁出島の紅葉
(55) 瀬戸合峡の紅葉
(57) 日塩もみじラインの紅葉
(65) 湯西川温泉のかまくら
(67) 菖蒲ヶ浜の日の出
(68) 光徳沼の霧氷
(69) 中禅寺湖のしぶき氷
(70) 裏見ノ滝の氷柱
(75) 日光杉並木街道
(76) 神橋の雪景色

野木町
㊵ 野木のヒマワリ

益子町
⑨ 光明寺のシダレザクラ
㊴ 益子のヒマワリ
㊽ 益子のコスモス

茂木町
② 焼森山のミツマタ
(60) 鎌倉山の雲海

矢板市
⑳ 小間々の女王

群馬県

本書の使い方

とちぎの絶景を全部で77箇所選び、春〜夏〜秋〜冬の季節ごとに順に紹介している。写真の掲載は見開き1点（一部2点を4ページで掲載）、または1ページ1点のパターンになっている。

❶ タイトル

❷ 撮影時の状況などを説明している。

❸ 絶景場所の特色を説明

❹ 現地を歩いて見るためのアドバイス、また、近くにある名所などを紹介している。

❺ 現地の問い合わせ先と、近くにある道の駅、または駐車場やトイレの施設がある場所を紹介している。

❻ 絶景を見るためのベストシーズン、他の季節の見どころも紹介。開園時間や料金なども一部掲載。

❼ 所在地の地図と、近くの自動車道ICからのアクセスと時間。

※本書で掲載されているデータは、2019年2月現在のものです。

とちぎの絶景
Spring

Spring ❶
みかも万葉庭園のシダレウメ
まんようていえん

穴場的なウメの名所で、佐野梅林公園にて撮影中に情報を入手した。早速行ってみると、「これは絵になる花風景」と確信。後日、風のない日の朝、池への映り込みを狙う。紅白のシダレウメと青空が鮮やかに和風庭園の池に絵画のように現れた。

Spring ❷
やけもりやま
焼森山のミツマタ

数年前から人気急上昇の花名所。スギ林の中に群生し、妖精のような黄色の花を無数に咲かせる幻想的な光景が美しく、晴れた日の朝に出る光芒も魅力のひとつ。早朝から多くの写真愛好家が訪れ、その瞬間をじーっと待つ。気象条件で霧の様子は変わるが、7時30分頃から日が入る。

Spring ❶
みかも万葉庭園のジダレウメ　佐野市黒袴町

和風庭園に映える紅白のシダレウメ

みかも山公園の西側に、平成13年、ハーブ園と万葉庭園が整備された。西口広場から歩いて一周約1時間。万葉庭園は万葉集で詠われた花や樹木が植えられ、中でも紅白のシダレウメが存在感を示す。また、大小の池もあり、のんびり休みながら散策できるコースである。東口広場から山越えで行けるが、フラワートレインを乗り継いでも行ける。

▲池畔に咲くマンサク

> **シーズン**
> 花の見頃は3月上旬～中旬。春～夏～秋、万葉集ゆかりの花々が咲く。庭園の開園時間は8時30分～18時30分（10月～2月は17時30分まで）

 旅のワンポイント

西口広場からハーブ園～万葉の路～万葉庭園のコースがオススメ。万葉館には三毳山の史跡に関する歴史的資料が展示されている。ハーブ園の香楽亭ではハーブティーやアロマグッズが楽しめる。

- ●問い合わせ先／TEL.0282-55-7272（公園管理事務所）
- ●ちょっとひと息／道の駅みかも：国道50号沿い。西口広場にはみかも山観光物産会館（土日祝営業）がある
- ●アクセス／佐野スマートICから国道50号などを経由して約10分

Spring ❷
焼森山のミツマタ　茂木町小貫

光芒差す妖精の森

標高423メートルの焼森山の北側山麓にミツマタ群生地がある。スギ林の斜面で、戦前には紙の材料として栽培されたものが残っていたといわれるが、スギを間伐したことにより、光が林床に届くようになってミツマタが増えたという。群落面積は6～7反あり、一周する歩道が整備されている。焼森山へのハイキングコースもつながっている。

▲ミツマタ群生地の歩道

> **シーズン**
> 花の見頃は3月中旬から4月上旬

 旅のワンポイント

花時期は混雑するので、自生地手前の駐車場から林道を約1キロ歩く。一周コースは約600メートルで30分ほどだが、急坂で滑りやすい場所もあるので、靴はしっかりしたものを用意。自生地の西、深沢地区にある美土里農園では、春にはいちご狩りが楽しめる。

- ●問い合わせ先／TEL.0285-65-7555（いい里さかがわ館）
- ●ちょっとひと息／道の駅もてぎ：国道123号沿い。いい里さかがわ館には野菜直売所もある
- ●アクセス／北関東道真岡ICから国道294号などを経由して約30分。自生地近くの車道は狭いので注意。花時期は、「いい里さかがわ館」からシャトルバスが出ている

Spring ❸
みかも山公園のカタクリ
<small>やまこうえん</small>

カタクリの花は午前9時頃からきれいに開くが、北東向きの群生地では、昼過ぎに春の陽光が逆光気味に入ってくる。そして花畑を下から見上げるので、無数の花が明るい赤紫に輝き、キツネノカミソリの緑葉が花色を引き立てる。コナラ林の影もアクセントになる。

Spring ❹
おおがきはなやま
大柿花山のハナモモ

「花山」という名の通り、小高い里山全体が色とりどりの花々に埋もれる。駐車場わきのハナモモ並木が満開の頃、山中の自生のヤマザクラも見頃を迎え、まさに春爛漫の里山の風景であった。そして、手前の畑にはナノハナも咲き、彩りを添えていた。

Spring ③
みかも山公園のカタクリ 栃木市岩舟町

県内随一の密度を誇るカタクリ群生地

南北に連なる三毳山一帯の自然林を生かした県営都市公園で、面積は167ヘクタールもあり、山中に歩道とフラワートレインルートが整備されている。
「かたくりの園」へは、東口広場からフラワートレインの緩やかな坂道を進み、中岳方面への歩道に入り、階段状の急坂を登り切ると、右側のコナラ林に群生地がある。登り約20分。展望台には木道が整備されている。

▲東口広場に咲くカワヅザクラ

> シーズン
>
> 花の見頃は3月中旬〜4月上旬。公園内の雑木林では四季を通して、折々の自然が楽しめる。公園の開園時間は8時30分〜18時30分（10月〜2月は17時30分）

旅のワンポイント
ハイキングの装備をして、かたくりの園〜中岳〜三毳神社方面も一周してみたい（約2時間）。疲れたらフラワートレインの利用も可能。入り口近くの「野草の園」ではカタクリの他、春にはフクジュソウやアズマイチゲなどが観察できる。

●問い合わせ先／TEL.0282-55-7272（公園管理事務所）
●ちょっとひと息／道の駅みかも：国道50号沿い。東口広場には農産物直売所もある

●アクセス／
佐野藤岡ICから国道50号〜広域農道を経由して約10分

Spring ④
大柿花山のハナモモ 栃木市都賀町大柿

春爛漫!! 里山に百花の香り

古く山城であった布袋ヶ岡城跡は、標高200メートルの小高い里山で、この一帯約10ヘクタールに、園芸家大出さんが「花山」として植物園を造成した。
四季を通して里山の自然が楽しめるが、特に春は約10種類のハナモモ、約400種類のツバキをはじめ、色とりどりの花木が咲き、また、林床には、黄花カタクリ、イカリソウをはじめ多種多様な山野草も楽しめる。

▲黄花カタクリ

> シーズン
>
> 花の見頃は4月上旬〜中旬。3月〜5月にかけて多くの山野草も咲き、人気の黄花カタクリの見頃は4月中旬〜下旬。開園時間は9時30分〜17時。入園料は200〜500円

旅のワンポイント
園内にはくまなく歩道が整備されているが、坂道も多いので、靴は滑らないものを。花を観察しながらゆっくり歩くと約2時間かかる。山頂からは関東平野を一望できる。また国道の反対側には「大柿カタクリの里」があり、3月下旬〜4月上旬に花時期で、併せて訪ねてみたい。

●問い合わせ先／TEL.0282-92-0871（大柿花山）
●ちょっとひと息／道の駅にしかた：国道293号沿い。国道の入り口近くの「生出（おいで）宿里の駅」でも、農産物の直売や農村レストランがある

●アクセス／
栃木ICから県道32号〜国道293号を経由して約10分

Spring ❺
なす
**那須ハートフルファームの
ナノハナ**

「那須高原に花の新名所誕生」の情報が入り、晴れる日を待って朝一番に出かける。目の前に一面に咲く黄色のナノハナ、背景には残雪の那須連山と一列に並ぶのぼり旗と無数のこいのぼり…。夢中になってしばらく撮影していると、春風が吹いて、こいのぼりが泳ぎ、青空には雲も湧く。まさに絶景となった。

Spring ❻
おもいがわ ぞ
思川沿いのナノハナ

乙女大橋周辺のナノハナを撮影後、思川の下流域へ向かうと、松原大橋近くで再びナノハナの大群落を発見。しかも堤沿いには約10本のソメイヨシノも満開である。さっそく堤を降り、真っ青な空を背景にナノハナとサクラのコラボ、春爛漫の光景であった。

Spring ❺
那須ハートフルファームのナノハナ　　那須町大島

那須連山とこいのぼりを背景に、ナノハナ畑の絶景

広大な那須高原には多くの牧場や農園が点在する。その中のひとつ、那須ハートフルファームでは、土地の有効利用として2018年度より4ヘクタールのナノハナ畑を作った。また、数年かけて地元住民から、こいのぼりとのぼりを集め、那須連山と組み合わせ、壮大なお花畑を展開した。さらに夏には8ヘクタールのヒマワリ畑も作っている。

▲ヒマワリ畑

シーズン
花の見頃は4月下旬～5月中旬。こいのぼりは朝7時に揚げられ、夕方6時に降ろされる。ヒマワリの見頃は8月中旬。開園は8時30分。維持費協力金1人500円

旅のワンポイント
駐車場からナノハナ畑へは歩いて5分ほど。畑の中には高さ約2メートルの展望台が設置され、ナノハナ畑とこいのぼりが一望できる。那須連山がくっきりと見える日は限定される。

●問い合わせ先／TEL.090-1619-3739（農場）
●ちょっとひと息／道の駅那須高原友愛の森：県道那須高原線沿い。駐車場わきのテントでは農場産の那須高原野菜の直売がある

●アクセス／
那須高原スマートICから県道305号などを経由して約15分

Spring ❻
思川沿いのナノハナ　　小山市下生井

満開のナノハナとサクラのコラボ

小山市を南北に流れる思川、その河川敷にここ数年、ナノハナが急激に殖えてきた。特に乙女大橋付近から渡良瀬遊水地にかけての堤上では一面の群落とサクラ並木との組み合わせも楽しめる。また、市の花「オモイガワザクラ」が桜の里親制度によって、平成13年から思川堤などに約2000本が植栽され、今後、サクラとナノハナの新名所となっていくだろう。

▲乙女大橋付近のナノハナ

シーズン
花の見頃は3月下旬～4月中旬。ナノハナは長期間咲いているが、ソメイヨシノは3月下旬過ぎの数日間、オモイガワサクラはその一週間後に満開となる。

旅のワンポイント
思川堤には歩道とサイクリングロードが整備され、乙女河岸と生井桜づつみ・なまいふるさと公園に駐車場とトイレがあるので、そこを基点にしてのんびり散策すると良いだろう。

●問い合わせ先／TEL.0285-22-9273（小山市商業観光課）
●ちょっとひと息／道の駅思川：国道50号沿い

●アクセス／
佐野藤岡ICから国道50号～県道173号を経由して約40分

Spring ❼
にしかた
西方のシダレザクラ

純和風の門と黒塀に添うように、優雅なピンクの花を垂れ下げる。手前の畑にはナノハナが彩りを添え、絵になる桜の光景である。午前中は青空を背景に撮れるが、午後になると背景のスギ林が日陰になって黒く落ち、桜の花がより一層美しく浮き出る。

Spring ❽
こがし こうしざくら
古賀志の孝子桜

2018年春の桜は3月下旬に、県南〜県央にかけてどこも一気に見頃となった。しかも花付きが良い。快晴の朝、すべての桜名所は巡り切れないので、お気に入りの桜から撮り歩く。校庭のど真ん中に立つ孝子桜に思いきり近づき、桜の優雅さと幹の力強さを表現してみた。

Spring ❼
西方のシダレザクラ　栃木市西方町元

優雅に咲く県内一の桜の古木

中新井家の宅地内に立ち、その昔、武家屋敷を囲む塀の縁にあったという。推定樹齢は600年、県内一のシダレザクラの古木、幹元は空洞化して一時期樹勢が衰えたが、手厚い保護のもとに回復し、ここ数年は枝が伸び、黒塀越しに垂れ下がる。花色は八分咲きの頃が濃いピンクで最も美しく、満開を過ぎると白っぽくなる。

▲桜の幹元

シーズン
花の見頃は3月下旬～4月上旬、ソメイヨシノよりも数日早く満開となる。桜は開花から満開まではほぼ一週間。

旅のワンポイント
民家の敷地内なので見学は静かに。また駐車は農道に止めるのでルールを守って。西方から車で南へ数分、都賀町町富張の長福寺もシダレザクラの名所で、花の時期もほぼ同じなので立ち寄ってみたい。また、都賀町臼久保にある「つがの里」もサクラの公園として人気で、シダレザクラ～ソメイヨシノ～ヤマザクラ～八重ザクラが順々に長期間咲いている。

● 問い合わせ先／TEL.0282-92-0313（栃木市観光協会西方支部）
● ちょっとひと息／道の駅にしかた：国道293号沿い

● アクセス／
都賀ICから県道3号等を経由して約10分

Spring ❽
古賀志の孝子桜　宇都宮市古賀志

古賀志山麓に咲く孝行息子伝説の桜

古賀志山南麓にある城山西小学校、その校庭に推定樹齢450年のシダレザクラの古木が立つ。「病気の父親が冬に桜の花を見たいという願いを叶えるため、息子がお社に祈願して花を咲かせた」という親孝行の伝説がある。樹高約8メートルあり、枝が四方に広がり、地面に届かんばかりに垂れ下がる。例年、4月第一土・日に「孝子桜まつり」が開催される。

▲城山西小学校全景

シーズン
花の見頃は3月下旬～4月中旬。平均すると4月上旬だが、桜の開花時期はその年の気候条件によってかなり変動する。

旅のワンポイント
古賀志山麓一帯には、孝子桜を親としてその子・孫にあたるシダレザクラが数多く残っている。小学校の正門と西門の桜、柴田家の桜、北条薬師堂の桜をはじめ、10箇所の案内版が設置されている。花時期はほぼ同じなので併せて訪ねてみたい。古賀志山（標高583メートル）も人気の山で、小学校の裏からハイキングコースがある。

● 問い合わせ先／TEL.028-632-2437（宇都宮市観光交流課）
● ちょっとひと息／道の駅うつのみやろまんちっく村：国道293号沿い

● アクセス／
宇都宮ICから国道293号から県道70号を経由して約20分

Spring ❾
こうみょうじ
光明寺のシダレザクラ

本堂の前に立つシダレザクラの巨木。四方に伸びる枝には支え木が1本もなく、樹勢旺盛である。どの方向からも見上げる大きさだが、東側から青空を背景に見上げるアングルが、花付きも良く、樹が分かれる全体の姿も一番美しかった。

Spring ⑩
いそがみ
磯上のヤマザクラ

奥深い八溝山中に咲くヤマザクラで、周辺に人家も電柱もなく、以前に訪ねたときには、時代劇のロケを行っていた。この桜を撮影するときは、よじれた巨大な幹をいかに表現するかがポイントで、曇りの日に、一番よく見える角度から鳥居と組み合わせて狙ってみた。

Spring ❾

光明寺のシダレザクラ　益子町山本

樹勢旺盛なシダレザクラ

光明寺は益子町の南部、雨巻山山麓にある。住職の話によると、その昔、薬師堂から移植した桜で、推定樹齢は200年位だろうという。樹回り4〜5メートル、樹高25〜30メートルもある。日当たりが良く、樹元に立ち入らないようにしているのも元気の秘訣ともいう。手入れの行き届いた庭には樹齢200年のキンモクセイもある。

▲参道から見たシダレザクラ

\ シーズン /

花の見頃は4月上旬。キンモクセイは9月下旬〜10月上旬。周辺の山に自生するヤマザクラの見頃はやや遅く、4月中旬頃になる。

 旅のワンポイント

寺のある山本地区は雨巻山や高舘山に囲まれた静かな中山間地帯で、山中には自生のヤマザクラが多く見られる。標高533メートルの雨巻山は栃木百名山のひとつで、県道297号を東へ進んだ大川戸からハイキングコースが整備されている。

●問い合わせ先／TEL.0285-72-4006（光明寺）
●ちょっとひと息／道の駅ましこ：県道257号沿い

●アクセス／
真岡ICから県道47号〜257号を経由して約20分

Spring ❿

磯上のヤマザクラ　大田原市両郷

八溝山中に咲くヤマザクラの巨樹

大田原市の北東端、八溝山中の八溝嶺神社、一の鳥居のわきに立つ。推定樹齢300年で、標高約13メートル、幹回りは約5メートルもあり、幹の下部は右巻きによじれている。道路の狭い山奥にあるため、知る人ぞ知る名木であったが、近年人気が出て、駐車場が整備され、夜間にはライトアップもされるようになった。

▲芭蕉の館

\ シーズン /

花の見頃は4月中旬〜下旬。県内の桜の名所の中では最も遅い。

 旅のワンポイント

山奥のサクラの名木で、他にこれといった観光名所はないが、黒羽地区へ戻れば、芭蕉の館、大雄寺、黒羽城址公園などの名所は数多く、さらに雲厳寺方面へのドライブも楽しい。

●問い合わせ先／TEL.0287-54-1110（大田原市観光協会）
●ちょっとひと息／道の駅東山道伊王野：国道294号沿い
　　　　　　　　　道の駅那須与一の郷：国道461号沿い

●アクセス／
西那須野塩原ICから国道461号〜県道27号などを経由して約40分

とちぎの桜
Cherry blossoms in Tochigi

	④
①	⑤
②	⑥
③	

①太山寺のシダレザクラ(栃木市)
②法蔵寺のシダレザクラ(日光市)
③西行院のシダレザクラ(佐野市)
④つがの里の八重桜(栃木市)
⑤天平の丘公園のウスズミザクラ(下野市)
⑥長福寺のシダレザクラ(栃木市)

Spring ⑪

あしかがフラワーパークのフジ

人気の花スポットで、フジの時期は大変混雑するので、開園の朝7時前には入り口に並ぶ。天気は薄曇りで花色をきれいに写すには絶好の条件である。一番のお目当てはやはり大藤で、無数に垂れ下がる花房には、何回来ても圧倒され、感動する。アングルを下げ、力強い幹も入れる。

Spring ⑫
ひがしなすのこうえん
東那須野公園のスイセン

丘陵地に一面に咲くスイセン、ちょうど濃いピンクの花を咲かせるオオヤマザクラも満開だった。広角レンズでスイセンの花に近寄り、広々としたお花畑を撮っていると、春の青空に筋状の白い雲が流れてきて印象的だった。

Spring ⑪
あしかがフラワーパークのフジ　足利市迫間町

世界に誇る「ふじのはな物語」

フジの名所として名高い花のテーマパーク。4月〜5月に「ふじのはな物語」として、うす紅藤〜大藤・むらさき藤〜白藤〜きばな藤が次々と咲き誇る。同時期にはクルメツツジやシャクナゲなども咲き、百花繚乱の世界となる。フジの後はバラとハナショウブ、夏はスイレン、秋はアメジストセージと四季を通して花々が楽しめる。

▲白藤のトンネル

> シーズン
>
> 花の見頃はうす紅藤が4月中旬〜下旬、大藤・むらさき藤が4月下旬〜5月上旬、白藤が5月上旬、きばな藤が5月上旬〜中旬。開園時間は7時〜21時（季節により変動）、入園料は900円〜1800円

 旅のワンポイント

広々とした園内には、くまなく散策路が整備され、随所に休憩所やレストランなどもあり、時間をかけてじっくり花を眺めたい。夜間はライトアップされ、幻想的な花景色が楽しめる。JR両毛線に「あしかがフラワーパーク駅」ができ、車の渋滞を避けるには便利。

● 問い合わせ先／TEL.0284-91-4939（あしかがフラワーパーク）
● ちょっとひと息／道の駅みかも：国道50号沿い
　　　　　　　　　道の駅どまんなかたぬま：県道16号沿い

● アクセス／
足利ICから国道293号経由で約15分。佐野藤岡ICから国道50号経由で約20分

Spring ⑫
東那須野公園のスイセン　那須塩原市沼野田和

丘陵地に咲く13万本のスイセン

以前は「稲荷山公園」として地元の人々に親しまれていたが、平成5年より丘陵地約10ヘクタールが「東那須野公園」として再整備された。園内の斜面にはスイセン、ウメ、サクラ、アジサイなどが植栽されているが、中でも13万本のスイセンが咲くお花畑は圧巻である。そして駐車場から花の小径が山頂まで続き、見晴らし広場からは那須連山が一望できる。

▲サクラと那須連山

> シーズン
>
> 花の見頃は早咲きスイセンが3月中旬〜下旬、普通咲きは4月上旬〜中旬。約400本あるサクラは4月中旬頃に満開となり、約2万本あるアジサイは6月中旬〜7月中旬頃に見頃となる。

 旅のワンポイント

花の小径を歩いて山頂を一周して約40分ほど。急な坂道はなく歩きやすく、展望も良い。西那須塩原IC近くには、那須が原公園と千本松牧場があり、どちらも広大な公園で、特にファミリーに人気である。

● 問い合わせ先／TEL.0287-62-7156（那須塩原市商工観光課）
● ちょっとひと息／道の駅明治の森・黒磯：県道369号沿い

● アクセス／
黒磯板室ICから県道53号〜国道4号を経由して約10分

Spring ⑬
那須フラワーワールド
のチューリップ
<small>なす</small>

赤〜白〜黄色、なだらかな斜面に色とりどりのチューリップ、背景には残雪のある那須連山…。北海道の美瑛をモデルにしたというが、まさしく絵になる花風景である。春はくっきりと山々が見える日が少なく、何度もベストカットが取れるまでチャレンジする。この日は山々はややかすむ。

Spring ⑭
芝ざくら公園のシバザクラ

庭の花壇や街の公園でよく見かけるシバザクラだが、これだけの規模で咲きそろうとイメージが変わる。公園の下部から一面に咲く姿と曲線状に丘の上へと続くお花畑を、青空をバックに撮ってみた。上部の展望台から見ると光景は一変する。

Spring ⓭
那須フラワーワールドのチューリップ　那須町豊原丙

色とりどりの花々と那須連山のパノラマ

広大な那須高原の北東部、標高約600メートルの丘陵地に十数年前に誕生した那須フラワーワールド。面積は約5ヘクタール、なだらかな斜面に春はチューリップ、パンジー、ポピー、夏はルピナス、ヘメロカリス、秋はケイトウ（P102）、サルビア、コスモスなど季節の花々が栽培される。背景には那須連山を一望し、散策路から大パノラマが楽しめる。

▲北側のチューリップ畑

旅のワンポイント
那須高原には近くに那須どうぶつ王国、りんどう湖ファミリー牧場をはじめ多くのレジャー施設があるまた、福島県白河市の南湖公園西には、姉妹園の「白河フラワーワールド」がある。

●問い合わせ先／TEL.0287-77-0400（那須フラワーワールド）
●ちょっとひと息／道の駅那須高原友愛の森：県道17号沿い

シーズン
花の見頃はチューリップ4月下旬～5月中旬、ルピナス5月下旬～6月中旬、ケイトウ8月中旬～10月中旬など。開園期間は4月下旬～10月下旬、時間は9時～17時、入園料は500円～1000円

●アクセス／
那須高原スマートICから県道305号を経由して約12分

Spring ⓮
芝ざくら公園のシバザクラ　市貝町見上

里山に小貝川をイメージしたお花畑

小貝川の源流域となる自然豊かな里山にあり、総面積8ヘクタールある公園の中央部の谷間に2.4ヘクタール、約25万株のシバザクラが植栽されている。斜面は小貝川の流れをイメージして色分けされ、丘の上の展望台から見渡せる。また、周辺の雑木林は芽吹き～新緑の時期で、自生のヤマザクラも咲いている。

▲展望台からの光景

旅のワンポイント
公園内はゆっくり歩いて一周しても1時間以内で回れる。市貝町には里山が多く、日本一のサシバの生息地として知られる。一方、江戸時代から伝わる武者絵の里としても知られ、田野辺地区に古民家を改装した「大畑武者絵資料館」がある。

●問い合わせ先／TEL.0285-68-3483（市貝町観光協会）
●ちょっとひと息／道の駅サシバの里いちかい：県道69号バイパス沿い。駐車場わきの芝ざくら交流センター内には地元の新鮮野菜直売所がある

シーズン
花の見頃4月中旬～5月上旬。同じ頃、周辺の里山の樹々の芽吹きも美しく、ヤマザクラも咲く。芝ざくらまつり期間中は駐車料金500円

●アクセス／
宇都宮上三川ICから国道4号～県道64号などを経由して約40分

Spring ⑮
ちゃのきだいら　ゆうほどう
茶ノ木平遊歩道のアカヤシオ

日光の山々に春の訪れを告げるのがアカヤシオの花。背景には残雪の白根山を望み、晴れた日は中禅寺湖がコバルトブルーに輝く。まさに絶景の撮影ポイント。以前は訪れる人も少なかったが、最近は人気の花スポットになりつつある。

Spring ⑯
あけちだいら
明智平のアカヤシオ

ピンクのアカヤシオに華厳ノ滝と中禅寺湖。観光ポスターにもよく登場する構図で「ツツジ天国」奥日光を代表する花風景である。ちょっと歩けば行ける場所だが、近年花付きがあまり良くないので、10数年前に撮影したカットを使った。尾根近くの狭いスペースなので、譲り合いをお忘れなく。

Spring ⑮
茶ノ木平遊歩道のアカヤシオ　日光市中宮祠

知る人ぞ知るアカヤシオの絶景

奥日光のアカヤシオ自生地としては、いろは坂周辺が多いが、中禅寺湖南岸や茶ノ木平〜半月山〜社山の北向きの斜面にも見られる。茶ノ木平〜社山の稜線にはハイキングコースがあり、遊歩道が整備されているが、歩行時間は長い。中禅寺湖南岸道路を行けば、通称足尾峠駐車場からこの自生地へは、登り15分ほどで行ける。

▲中禅寺湖畔に咲くアカヤシオ

旅のワンポイント
峠から自生地へは往復30分ほどだが、山の中を歩くのでハイキングの装備を。峠からすぐ上には展望台があり、湖を眼下にして奥日光の大パノラマが眺められる。南岸道路を終点まで進み、駐車場から半月山方面へ登ると、この周辺にもアカヤシオが自生し、背景に皇海山をはじめ足尾の山々が見える。空気が澄んでいると富士山も遠望できる。

- 問い合わせ先／TEL.0288-55-0880（日光自然博物館）
- ちょっとひと息／中禅寺湖歌ヶ浜に駐車場とトイレがある

シーズン
花の見頃は5月上旬〜中旬。標高約1500メートルあり、中禅寺湖周辺より開花は10日程度遅れる。

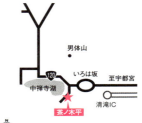

● アクセス／
清滝ICから国道120号（いろは坂）〜県道250号を経由して足尾峠まで約30分

Spring ⑯
明智平のアカヤシオ　日光市細尾町

ツツジ天国奥日光の代表的花スポット

いろは坂を上がって明智平まで来ると、遠くの尾根沿いに点々と咲くアカヤシオが見られるが、数が多いのは明智平から華厳渓谷にかけての北向き斜面である。ロープウェイで展望台へ上がり、茶ノ木平方面へ歩くと、絵になる自生地が多数ある。明智平の先、トンネル出口から登るコースもある。

▲アカヤシオと男体山

旅のワンポイント
ロープウェイを利用すれば、山頂駅からポイントまでは登り約10分、小ピークの少し先にある。ハイキングの装備をして、さらに茶ノ木平方面へ20分ほど登ると、鉄塔のあるササ原へ出て、その周辺もアカヤシオがあり、男体山〜白根山の眺めも良い。また、トンネル出口から登るコースも人気があり、男体山や白根山と組んでアカヤシオが見られるが、駐車スペースが狭いので注意。

- 問い合わせ先／TEL.0288-55-0880（日光自然博物館）
- ちょっとひと息／明智平に駐車場、トイレ、売店がある

シーズン
花の見頃は4月下旬〜5月上旬。5月上旬〜下旬にはトウゴクミツバツツジ、シロヤシオが見頃となる。明智平ロープウェイは8時30分〜16時、往復730円

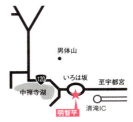

● アクセス／
清滝ICから国道120号で約15分

Spring ⑰
**マウントジーンズ那須
のシロヤシオ**

純白の花が枝いっぱいに咲き誇り、背景には那須連山の主峰「茶臼岳」がそびえる。ゴンドラ山頂駅近くの茶臼展望台からの絶景である。この年は花が大当たりで、天候も雲ひとつない快晴、山々の樹々の芽吹きも美しく、好条件のそろった撮影日であった。中央のダケカンバの古木もポイントに入れてみた。

Spring ⑱
やはた　えんち
八幡つつじ園地

一面真っ赤やピンクのヤマツツジの花に染まるつつじ園地。車道からは見渡せるが、遊歩道に入ると花のトンネルの中で山々が見えない。そこで展望台に上がるとヤマツツジの花を前景に背景には茶臼岳〜朝日岳の山々が見え、広々とした那須高原も見渡せる。

Spring ⓱
マウントジーンズ那須のシロヤシオ　那須町大島

3万本のシロヤシオ群生地

那須連山の中腹にマウントジーンズスキー場があり、ゴンドラで山頂駅（標高1410メートル）に行けば、周辺には約3万本が自生する日本一のシロヤシオ群生地である。一帯は中ノ大倉尾根と呼ばれ、一周できる遊歩道が整備され、茶臼展望台、ゴヨウツツジ展望台、ハンモックの森、ドッグランなどの施設もあり、雲上の別世界で花散策を楽しみたい。

▲茶臼展望台

シーズン
花の見頃は5月中旬～6月上旬。ゴンドラ運行時間は8時～16時、料金は大人往復1600円（ペット800円）。10月の秋の紅葉時期も美しい。

旅のワンポイント
山頂駅からまずは茶臼展望台に行き、一周の遊歩道を歩きたい。ゆっくり歩いて1時間ほどだが、登り下りあるのでハイキングの装備をそろえたい。足に自信のある人におすすめするのが、自生地から中ノ大倉尾根に沿って清水平～三本槍岳への登山コース。往復5時間近く要するが、展望が素晴らしく、アズマシャクナゲ群落も見られる。

●問い合わせ先／TEL.0287-77-2300（マウントジーンズ那須）
●ちょっとひと息／道の駅那須高原友愛の森：県道17号沿い

●アクセス／
那須高原スマートICから県道305号を経由して約20分

Spring ⓲
八幡つつじ園地　那須町湯本

那須の山を真っ赤に染める20万本のツツジ

茶臼岳から南東へは、なだらかに傾斜が那須高原へと続くが、標高約1000メートルの八幡一帯に面積約23ヘクタール、約20万本のヤマツツジの大群生地がある。つつじ園地として整備され、なす高原自然の家を基点に一周できる歩道があり、丸太を組んだ展望台もある。また、サラサドウダンやレンゲツツジも混生し、やや遅れて花が咲く。

▲つつじ吊橋

シーズン
花の見頃は5月中旬～6月中旬。周辺の森は新緑の最も美しい時期でもある。常時、自由に出入りできる。

旅のワンポイント
なす高原自然の家前の駐車場を基点にしてつつじ園地を一周すると、約1時間。途中に坂道もあるので、滑りにくい靴を履く。一周コースから少し外れるが、つつじ吊橋にも立ち寄りたい。深い新緑の谷間を見下ろし、茶臼岳も遠望できる。

●問い合わせ先／TEL.0287-72-6918（那須町観光商工課）
●ちょっとひと息／道の駅那須高原友愛の森：県道17号沿い

●アクセス／
那須ICから県道17号を経由して約30分

Spring ⑲
井戸湿原のツツジ類
（いどしつげん の ツツジるい）

2018年春はツツジ類の大当たり年。しかも井戸湿原ではトウゴクミツバツツジとシロヤシオがほぼ同時に満開となり、ヤマツツジも咲き始めた。新緑の森に囲まれて、湿原一帯は色とりどりのツツジ楽園、こんな光景は初めてで、訪れたハイカーたちも皆歓喜の声だった。

Spring ⑳
小間々の女王
こまま じょおう

ダケカンバの森の中に1本、株立ち状に立つトウゴクミツバツツジの大木。どの方向から眺めても美しく、女王の名にふさわしいツツジである。このような名木は晴れた日でも曇った日でも霧の中でも、それぞれ趣があって絵になるもので、この日は青空に雲が湧き、下から見上げるように撮ってみた。

Spring 19
井戸湿原のツツジ類 鹿沼市上粕尾

色とりどりのツツジ咲く山中の湿原

前日光横根高原はなだらかな山並で、横根山（標高1373メートル）の南側の山中に井戸湿原がある。面積約4ヘクタールの湿原は植物の宝庫で、特にツツジ類はアカヤシオ、トウゴクミツバツツジ、シロヤシオ、ヤマツツジ、レンゲツツジが順に咲いてゆく。山上の前日光牧場まで車で行け、日光〜足尾の山々も一望でき、気軽に花ハイキングが楽しめる。

▲日光連山を一望

シーズン
花の見頃はツツジ類が5月上旬〜6月上旬（5月中旬〜下旬がベスト）。10月中旬〜下旬は紅葉期間。ハイランドロッジの営業期間は4月下旬〜11月下旬（宿泊可）

旅のワンポイント
ハイランドロッジを基点に、横根山山頂に登り、井戸湿原へ下って一周し、象ノ鼻を経由して牧場内の車道をロッジまで戻るコースがおすすめで、歩行時間は約2時間30分。中でも象ノ鼻からの展望は素晴らしく、広大な牧場越しに男体山〜白根山〜皇海山の山々を一望でき、天気が良ければ富士山も遠望できる。

●アクセス／
栃木ICから県道32号〜15号を経由して約70分。鹿沼ICから県道14号経由でも約70分

● 問い合わせ先／TEL.0288-93-4141（前日光ハイランドロッジ）
● ちょっとひと息／県道15号沿いにまちの駅「清流の郷かすお」がある

Spring 20
小間々の女王 矢板市下伊佐野

女王の名にふさわしい
トウゴクミツバツツジの大木

高原山の東側、標高1000〜1200メートルに八方ヶ原があり、釈迦ヶ岳の噴火によってできた溶岩台地が広がる。上部の大間々が約300ヘクタールのレンゲツツジ群生地として有名だが、手前の小間々のキャンプ場跡地に一本のトウゴクミツバツツジが立ち、以前から地元の人に女王として愛され、近年人気急上昇の名木である。

▲大間々のレンゲツツジ

シーズン
花の見頃は5月上旬〜中旬。大間々のレンゲツツジの見頃は6月上旬〜中旬。紅葉の見頃は10月下旬〜11月上旬

旅のワンポイント
小間々の女王へは小間々駐車場から平たんな林の中の歩道を約10分、案内板がある。山の駅たかはらのある学校平を基点にして、小間々〜大間々にハイキングコースがあり、往復約2時間、特に急坂はなく、ゆるやかな道である。大間々まで車道が通じるが、レンゲツツジの花時期は大混雑するので、歩くのがおすすめ。山の駅周辺にも散策路が整備されている。

●アクセス／
矢板ICから県道30号〜56号を経由して約40分

● 問い合わせ先／TEL.0287-43-1515（山の駅たかはら）
● ちょっとひと息／道の駅やいた：県道30号バイパス沿い。山の駅たかはらにはレストランもあり

Spring ㉑
りゅうか　たき　しんりょく
竜化ノ滝の新緑

滝の撮影では流れを優雅に見せるためにスローシャッターで撮ることが多いが、滝つぼ近くはいつも薄暗く超低速になる。雨上がり後の新緑はみずみずしく、黒い岩肌に糸を引くような水の流れと、明るい緑がいっそう映えた。

Spring ㉒
ちゅうぜんじことちくぼ
中禅寺湖栃窪のトチノキ

巨樹を撮影するときは、太い幹の力強さをいかに表現するかがポイントとなる。超広角レンズで思い切り幹に近づくと、樹肌の特徴や長い年月を経た樹形も併せて表現できる。薄曇りの日で、特徴的なトチノキの葉の形もきれいに撮れた。

Spring ㉑
竜化ノ滝の新緑　　那須塩原市塩原

天に昇る龍、塩原随一の名瀑

箒川の流れに沿って十数キロメートルも続く塩原渓谷。塩原十名瀑が知られるが、その中でもこの滝は最長の130メートルで、三段に分かれ、その流れは竜が天に向かって登っていく姿に例えられた。駐車場から沢に沿って原生林の中を進み、階段を登ってトンネルを抜けると、突然目の前に全容が見える。自然の優しさと厳しさの両方を見る思いである。

▲紅葉時期の竜化ノ滝

> シーズン
>
> 新緑時期は5月〜6月。紅葉時期は10月下旬〜11月中旬。夏は日陰で水しぶきが心地良い。

旅のワンポイント

滝の展望所までは遊歩道入口から登り約15分、下り約10分で、特に危険な箇所は無い。塩原渓谷には下流のもみじ公園から上流の木の葉公園まで、渓谷に沿って遊歩道が整備されているが、登り下りも多く、全コース歩くとかなり時間がかかるので、各名所を区切って歩くと良いだろう。

● 問い合わせ先／TEL.0287-32-4000（塩原温泉観光協会）
● ちょっとひと息／道の駅湯の香しおばら：国道400号沿い

●アクセス／
西那須野塩原ICから国道400号で約15分

Spring ㉒
中禅寺湖栃窪のトチノキ　　日光市中宮祠

湖畔に立つ不思議な巨木

中禅寺湖の北西岸、赤岩の先に砂浜の美しい入江があり、一帯は栃窪と呼ばれ、その名の通りトチノキの巨木が多数自生している。栃木県の木であるトチノキは山地帯に自生し、奥日光ではとても珍しく、「太古の昔、狩猟民族がここに定住し、食料として植えたものでは」という説もある。菖蒲ヶ浜〜千手ヶ浜はツツジ類も多く自生し、人気のハイキングコースである。

▲湖畔に咲くヤマツツジ

> シーズン
>
> 新緑の時期は5月下旬〜6月中旬、同時期、森の中ではヤマツツジの花が見頃である。5月中旬〜下旬はトウゴクミツバツツジとシロヤシオが見頃。紅葉の時期は10月中旬〜下旬だが、春〜夏〜秋それぞれ美しい自然がある。

旅のワンポイント

菖蒲ヶ浜のスキー場跡地駐車場から千手ヶ浜まで（栃窪は中間地点）、ゆっくり歩いて片道約1時間である。往復しても良いが、千手ヶ浜から赤沼行きのバスに乗り、しゃくなげ橋で下車すると、竜頭ノ滝を見てから菖蒲ヶ浜に戻れる。

● 問い合わせ先／TEL.0288-55-0880（日光自然博物館）
● ちょっとひと息／赤沼に広い駐車場とトイレがある

●アクセス／
清滝ICから国道120号で菖蒲ヶ浜まで約40分

とちぎの絶景
Summer

Summer ㉓
せんじゅがはま
千手ヶ浜のクリンソウ

ミズナラやハルニレの巨木が立つ森の中、赤・白・ピンクと色とりどりの花が群生している。小川沿いが人気だが、花の密度や生育場所は年々変化している。森の北側から花が密生している箇所をアングルを下げて、背景をぼかして撮影した。

Summer ㉔

かみみよりすいせいしょくぶつえん
**上三依水生植物園
のクリンソウ**

湿地〜草原〜ロックガーデンがコンパクトにレイアウトされ、花の撮影では様々なアングルが楽しめる植物園である。クリンソウは目玉の花で、赤〜白〜黄色が小川沿いに群生している。縦位置で奥行きを出し、木道をポイントに入れてみた。

Summer ㉓
千手ヶ浜のクリンソウ　日光市中宮祠

原生の森に色とりどりのお花畑

中禅寺湖西端にある千手ヶ浜一帯はミズナラを主とした原生林が繁り、湖畔に立てば、湖越しに男体山を望む絶景の地である。クリンソウは森の中に建つ伊藤さん宅の庭周辺に見られ、シカ防止のネットで囲まれ、大切に保護管理されている。人気の花名所で混み合うが、西ノ湖方面や湖南岸方面へも足を延ばし、ゆっくり花散策を楽しみたい。

▲湖畔より男体山を望む

\ シーズン /

花の見頃は5月下旬〜6月下旬。低公害バスは4月下旬〜11月下旬に運行され、四季折々の自然が楽しめる。6月には菖蒲ヶ浜から船便もある。

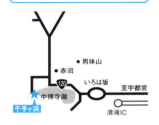

●アクセス／
清滝ICから国道120号で赤沼まで約40分。赤沼から低公害バスで千手ヶ浜まで約30分

 旅のワンポイント

千手ヶ浜バス停からお花畑へは徒歩片道約15分で誰でも気楽に行ける。ただし、バスは混むので、帰りは湖沿いに菖蒲ヶ浜まで歩く（片道約1時間）のも一案だろう。クリンソウはバス停近くの川沿いでも見られ、また、湯元温泉の温泉寺近くのハルニレ林の下や光徳温泉の日光アストリアホテルの庭にも群生している。

●問い合わせ先／TEL.0288-55-0880　（日光自然博物館）
●ちょっとひと息／赤沼に駐車場、トイレ、自然情報センターがある

Summer ㉔
上三依水生植物園のクリンソウ　日光市上三依

多種多様な300種の花咲く植物園

男鹿川の上流部、深い山々に囲まれた植物園。面積は2.2ヘクタール、南北に細長く、山からの沢水を利用した小川が流れ、水生〜湿生植物から草原〜高山植物まで、約300種が植栽されている。春から秋まで季節の花が見られるが、クリンソウの咲く時期が一番種類が多い。栽培が難しいといわれるヒマラヤの青いケシやキレンゲショウマも見られる。

▲ヒマラヤの青いケシ

\ シーズン /

花の見頃は5月中旬〜6月中旬、青いケシは5月下旬〜6月下旬。植物園の開園は4月〜11月の9時〜16時30分。入園料は500円

●アクセス／
西那須野塩原ICから国道400号を経由して約40分。今市ICから国道121号で約50分

 旅のワンポイント

駐車場から男鹿川を渡って公園入り口までは約5分。園内には案内順路の看板があり、ゆっくり観察しながら一周して約1時間。塩原温泉方面から来た場合、帰りは五十里湖〜日塩もみじラインをドライブして塩原温泉へ戻るコースも魅力的である。

●問い合わせ先／TEL.0288-79-0377　（上三依水生植物園）
●ちょっとひと息／道の駅湯の香しおばら：国道40号沿い
　　　　　　　　　道の駅湯西川：県道249号沿い

Summer ㉕
こほうえん
古峯園のハナショウブ

梅雨時期に咲く花はやはり雨上がりの光景がよく似合う。深山は霧に包まれ、風がなく、峯の池は鏡となり、うす紫の花咲く日本庭園は心和む雰囲気を醸し出せた。池の反対側の静峯亭から眺めると、ハナショウブとスギ木立が美しく水面に映っていた。

Summer ㉖
くろばねじょうしこうえん
黒羽城址公園のアジサイ

大関氏の繁栄をしのぶ本丸跡、今は広い芝生の広場だが、一部に植えられたアジサイの青紫の花色が印象的であった。朝一番の撮影で花見客も少なく、自由なアングルが組めた。外堀に群生するアジサイも吊り橋の上から眺めるといい被写体となる。

Summer ㉕
古峯園のハナショウブ　鹿沼市草久

日本庭園に咲く梅雨時期の花

古峯神社は1300年余りの歴史を誇り、境内の西側に、自然の地形を生かして作られた回遊式日本庭園「古峯園」がある。大芦川の清流が流れ込む峯の池を中心に、風雅な建物が立ち、春はウメ、サクラ、ツツジ、シャクナゲ、夏にはハナショウブ、サツキ、アジサイ、秋にはハギと紅葉…、四季折々の和風の花風景が楽しめる。

▲紅葉時期の古峯園

> シーズン
>
> 花の見頃は6月下旬～7月上旬。紅葉の見頃は10月下旬～11月上旬。開園は9時～17時（冬期は16時）、入園料は大人300円

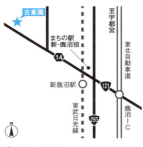

旅のワンポイント

園内には峯の茶屋と峯松庵の他、静峯亭やもみじ亭などの休憩所があり、庭園を展望しながらゆったりとくつろげる。古峯神社から県道をさらに山奥へ行くと、古峰原高原に出る。広い草原があり、初夏には新緑の中にズミやヤマツツジが咲く。さらに車道は横根山方面（P46参照）へと続いている。

● 問い合わせ先／TEL.0289-74-2111（古峯神社社務所）
● ちょっとひと息／鹿沼市街地に「まちの駅新・鹿沼宿」がある

●アクセス／
鹿沼ICから国道121号～県道14号を経由して約50分

Summer ㉖
黒羽城址公園のアジサイ　大田原市前田

県北最大の山城に咲くアジサイ

黒羽城は戦国時代末期から約300年にわたって大関氏が居城した県北最大規模の山城である。現在でも土塁や空濠が残り、本丸跡には文化伝承館と展望台があり、市民の憩いの公園となっている。そして、空濠跡を中心に約3000株のアジサイが植えられ、花の季節には「紫陽花まつり」が開催され、郷土芸能をはじめ、いろいろなイベントが行われる。

▲吊り橋と外堀のアジサイ

> シーズン
>
> 花の見頃は6月中旬～7月上旬。公園は桜の名所でもあり、4月上旬～中旬が見頃。園内はいつでも自由に出入りできる。

旅のワンポイント

駐車場は公園のすぐ近くなので気軽に散策できる。黒羽地区は奥の細道で知られる松尾芭蕉ゆかりの地、城址公園南側には、芭蕉の館～芭蕉の広場～芭蕉公園といった名所があるので、併せて訪ねてみたい。さらに南側にある大雄寺は総茅葺の禅寺で、ボタンの名所として知られ、4月下旬～5月上旬が花の見頃である。

● 問い合わせ先／TEL.0287-54-1110（大田原市観光協会）
● ちょっとひと息／道の駅那須与一の郷：国道461号沿い

●アクセス／
西那須野塩原ICから国道400号～461号を経由して約30分

Summer 27 -1
せんじょうがはら
戦場ヶ原のワタスゲとズミ

初夏の湿原に揺れるワタスゲの白い穂は美しく、一面の群落を見るには展望デッキ付近が良い。早朝の日の出は4時30分頃と早く、晴天日には湿原に霧が出ることもあり、朝日が差すと穂は白銀に輝く幻想的な光景になる。霧はその後、1時間ほどで消えてしまう。

Summer 27 -2
せんじょうがはら
戦場ヶ原のワタスゲとズミ

初夏の湿原ではズミの白い花も見頃となるが、暖かい日が数日続くと一気に満開になるので、撮影のタイミングが難しい。国道沿いには大木が多く、背景の男体山や太郎山と組むため、脚立を使ってアングルを高くする。晴れた日の午後、青空に雲が湧き、パノラマ風に撮ってみる。

Summer ㉘
まつきけいこく
松木渓谷

30数年ぶりに渓谷を歩いた。草木一本も生えない荒涼とした光景のイメージがあったが、山肌の緑が復活しているのに驚いた。とはいえジャンダルム等の荒々しい岩壁は当時のままで、林道を入れる場所まで進むと、異国の地を歩いているようでもあった。

Summer ㉗

戦場ヶ原のワタスゲとズミ　日光市中宮祠

新緑の湿原に輝く白い花々

奥日光のほぼ中央部、標高約1400メートルにある戦場ヶ原は総面積約400ヘクタールと広大な湿原である。多くの貴重な湿生植物が見られ、初夏の頃、湿原南側ではワタスゲ、湯川と国道沿い周辺ではズミが満開となる。湿原は男体山の噴火によって長い年月をかけてできたが、地名はその昔、男体山の大蛇と赤城山のムカデがこの地で戦ったという伝説に由来する。

▲広大な湿原と男体山

/ シーズン /

花の見頃は6月上旬〜下旬。特筆すべきは「奥日光には梅雨がない」といわれること。それは日本海側気候の影響が大きいためで、関東平野部は雨でも、いろは坂を上ると晴れていることがよくある。

旅のワンポイント

赤沼を基点として、湯川沿いの木道を青木橋まで歩き（途中に展望デッキ有）、泉門池〜光徳入口と湿原の木道を歩き、国道沿いに三本松〜赤沼と一周するコースがおすすめ。坂道は少ない平たんコースで、歩行時間は約3時間、湿原の木道沿いには休憩スペースが多数ある。途中疲れたら国道区間はバス利用も可。

●問い合わせ先／TEL.0288-62-2321（日光湯元ビジターセンター）
●ちょっとひと息／三本松と赤沼に駐車場、トイレ、レストラン、土産店がある

●アクセス／
清滝ICから国道120号で赤沼まで約40分

Summer ㉘

松木渓谷　日光市足尾町

緑よみがえる日本のグランドキャニオン

日本百名山"皇海山"を源に、渡良瀬川の源流域となる松木渓谷。足尾砂防ダムから上流約9キロメートルの谷は、裸地化した岩峰が続き、日本のグランドキャニオンとも呼ばれる。これは足尾銅山の煙害や山火事によって緑が失われた山々だが、近年、「足尾に緑を育てる会」によって、毎年、緑化活動による植樹が行われ、徐々にではあるが、山に緑がよみがえっている。

▲精錬所跡の大煙突

/ シーズン /

5月〜9月は荒涼とした光景に復活の緑が映える。10月〜11月は紅葉時期。12月〜3月は凍結するので危険。

旅のワンポイント

車で入れるのは足尾砂防ダムまで、ダム周辺は銅親水公園として整備されている。車止めゲートの先は林道を歩くが、工事の車両が通るので注意したい。1時間ほど進むと旧松木村跡で、人家石垣や墓石が残る。その先は林道も崩れていて危険。また、ダム手前の本山地区には、製錬所跡や大煙突、動力所跡などが保存されているので、銅山の歴史も見学してみたい。

●問い合わせ先／TEL.0288-22-1525（日光市観光協会）
●ちょっとひと息／銅親水公園に駐車場、トイレあり

●アクセス／
清滝ICから国道122号〜県道250号を経由して約30分

Summer ㉙-1
**キスゲ平の雲海と
ニッコウキスゲ**

雲海と日の出を狙い、暗闇の中、階段を登って小丸山下の展望デッキで待機。4時頃から東の空で朝焼けが始まり、眼下には雲海が広がっている。4時30分、高原山方面から日の出、オレンジ色に輝く雲海は、時の流れのようにゆっくりと流れ、日が昇るにつれ、やがて消えてゆく。

Summer 29 -2

キスゲ平の雲海と
ニッコウキスゲ

雲海の撮影後、階段を下ってひと息。今度は反対側を向き、小丸山を背景にして満開のニッコウキスゲを撮影する。アングルをやや下げ、青空も組んでいたが、9時頃には赤薙山上空に雲が湧きはじめ、山麓からも時おり霧が上昇してくる。そして、昼頃には霧降高原の名の通り、霧に包まれた。

Summer ㉚
あぶらでん
油田のヤブカンゾウ

2018年の夏は暑かった。撮影した7月中旬は梅雨明けしたかのような晴天日が続き、連日の猛暑日。小山市方面で田んぼアートを撮影後、偶然通りかかった農道で、田のあぜに群生して咲くヤブカンゾウを発見。汗だくだく、水をがぶがぶ飲みながら撮影した。

Summer ㉙
キスゲ平の雲海とニッコウキスゲ　日光市所野

雲海とお花畑、天空の眺め

赤薙山から南東側には霧降高原が延々と続き、その中腹、小丸山一帯の斜面はキスゲ平と呼ばれ、ニッコウキスゲの名所として整備されている。以前はスキー場があったが、リフトは撤去され、木製の階段とジグザグ状の歩道ができた。周囲はシカ防止のネットで囲まれ、管理されている半自然草地には、春～夏～秋を通して約100種類もの花が咲く。

▲小丸山から赤薙山方面を望む

\ シーズン /

花の見頃は6月中旬～7月中旬。4月～10月は季節の花が多数咲く。雲海の発生は四季を問わず、上空に高気圧があって下降気流が発生し、関東平野に湿った東風が吹くときの早朝にできる。

旅のワンポイント

小丸山まで続く階段（天空回廊）は1445段、標高差235メートル、約40分。花を観察するときは、ジグザグ状の歩道をゆっくり登ろう。避難小屋から先はスキージャンプ台のような急な階段が続き、途中、展望デッキが3箇所ある。小丸山の見晴らしは最高で、眼下に関東平野、富士山も遠望できる。小丸山から先は赤薙山～女峰山への登山道、丸山へのハイキングコースもある。

●問い合わせ先／TEL.0288-53-5337（日光市霧降高原キスゲ平園地）
●ちょっとひと息／園内のレストハウスには食事処や売店がある（9時～17時）。24時間利用できる駐車場とトイレもある。

●アクセス／
日光ICから県道169号で約30分

Summer ㉚
油田のヤブカンゾウ　鹿沼市油田町

田んぼに咲く懐かしいヤブカンゾウの花

東側に大芦川が流れる油田町は、田園地帯が広がる。その一角に中村さん所有の田んぼがあり、そのあぜ道に懐かしいヤブカンゾウが群生している。ひと昔前、昭和時代のあぜは曲線が多く、そこには季節の自生の花が咲いていた。今ではほとんどが帰化植物に占領されている。ここの田んぼを管理している矢口さんは大の花好きで、草刈りのとき、注意してヤブカンゾウの株を残しているそうだ。

▲よく似たノカンゾウ

\ シーズン /

花の見頃は7月上旬～下旬。炎天下での観察時は帽子をかぶり、水分補給もして、熱中症には十分注意したい。

旅のワンポイント

周辺には何もなく、田んぼだけだが、農道に駐車するときは、農耕車の邪魔にならないよう注意。また、田んぼのあぜは崩れやすいので、入り込まないように。近くを流れる大芦川の堤防には、ネムノキの大木があり、花の時期は7月中旬～8月上旬。

●ちょっとひと息／道の駅にしかた：国道293号沿い

●アクセス／
鹿沼ICから県道6号～国道293号などを経由して約20分

Summer ③1
きぬぬま
鬼怒沼

宿泊した八丁ノ湯を早朝に立ち、朝8時前には鬼怒沼の湿原に着く。快晴無風の絶好の天気、湿原最大の池塘「金沼」へ行くと、水面はブルーに輝き、日光白根山〜根草山もくっきり見える。延々と続く木道を登山者が歩いてきた。

Summer 32
しょうじんさわゆうすい
尚仁沢湧水

深い原生林の中、苔むした岩の間を湧水が流れる。巨岩の下からこんこんと湧き出る量は1日6万5千トンという。夏でも森の中はひんやりとし、おとぎの森へ迷い込んだような心地になる。晴れた日の早朝、ときに霧が出て光芒が見られる。

Summer ㉛
鬼怒沼　日光市川俣

鬼怒川源流、雲上の楽園

秘湯で人気の「奥鬼怒温泉」から鬼怒川源流を登ると、標高2039メートルの鬼怒沼がある。山頂一帯が高層湿原で、周囲は約4キロメートル、大小47個の池塘が点在し、6月から9月にかけて、ミズバショウ、イワカガミ、タテヤマリンドウ、キンコウカ、ミズギクなど多くの湿生植物が花を咲かせ、まさに雲上の楽園となる。奥鬼怒温泉から往復約5時間かかる。

▲キンコウカの咲く湿原

\ シーズン /

夏山シーズンは7月〜8月がベストで、花の種類も多い。春は5月まで雪が残り、11月には初雪がある。

 旅のワンポイント

車で行けるのは女夫淵まで、奥鬼怒温泉へは徒歩1時間30分。ただし、加仁湯や八丁ノ湯へ宿泊すると送迎バスがある。鬼怒沼への登りは急坂もあってきついが、突然、林の中から大湿原へ出るときは感動である。湿原には一周する木道があり、ゆっくり時を過ごしたい。夏山の午後は雷に注意だが、湿原奥の林の中に避難小屋がある。

●問い合わせ先／TEL.0288-22-1525（日光市観光協会）
●ちょっとひと息／女夫淵に駐車場、トイレがある

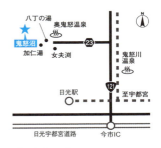

●アクセス／
今市ICから国道121号〜県道23号を経由して女夫淵まで約1時間30分

Summer ㉜
尚仁沢湧水　塩谷町上寺島

原生林の中、巨岩の下から湧水

高原山の中腹、樹齢数百年にもおよぶ原生林の中に十数箇所から湧き出る。「日本名水百選」に選ばれ、水温は四季を通して11℃前後と一定しており、弱アルカリ性で超軟水、口にやさしい味わいである。尚仁沢遊歩道入口駐車場から湧水群へはハイキングコースが整備され、往復約1時間。東荒川ダムの湖畔には尚仁沢ハートランドがあり、名水パークでは源泉から湧水を引いている。

▲名水パーク

\ シーズン /

春から夏にかけての緑の季節がベスト。紅葉時期は11月上旬〜中旬。冬期も湧水が凍ることはないが、周辺は積雪があるので注意。

旅のワンポイント

ハイキングコースは尚仁沢遊歩道入口駐車場から尚仁沢川沿いを進む。取水堰付近で急な上がり下りがあるが、橋を渡ればゆるやかな道が続く。玉生の町中、サクラやヒガンバナの名所で知られる大平崎公園があり、その園内に自然休養村センターがある。宿泊施設のほか、バンガローや屋外ステージもある。

●問い合わせ先／TEL.0287-41-6102（道の駅湧水の郷しおや）
●ちょっとひと息／道の駅湧水の郷しおや：国道461号沿い

●アクセス／
矢板ICから県道74号〜63号を経由して約30分

Summer ③
ちゅうぜんじこふかん
中禅寺湖俯瞰

奥日光を代表する景勝地「中禅寺湖」。北側の男体山山頂と南側の半月山展望台から眼下に湖全体を眺める。ともに晴れた日の夏山、湖はコバルトブルーに輝き、男体山からは富士山も遠望、半月山からは湖面に逆さ男体山が見られた。

Summer 34
にっこうしらねさん　ごしきぬま
日光白根山と五色沼

日光湯元スキー場から登り始め、外山の急坂を頑張り、天狗平を経て、3時間ちょっとでようやく前白根山に着く。正面に奥白根山の岩峰、眼下にエメラルドグリーンの五色沼の絶景に感動。丸沼や菅沼からのルートが一般的になり、湯元ルートを登る人は減ったが、一度は挑戦してほしい絶景ルートである。

Summer ㉝
中禅寺湖俯瞰　日光市中宮祠

コバルトブルーに輝く中禅寺湖

中禅寺湖は標高1269メートル、周囲約25キロメートルある。男体山は標高2486メートル、美しい円錐型の火山で歴史の古い信仰の山である。登山口は二荒山神社中宮祠で、登り約3時間30分、下り約2時間30分、急な坂道が続くハードなコースである。半月山は標高1753メートル、中禅寺湖南岸道路を終点まで行き、展望台へは往復約1時間、比較的楽なコースで、奥日光随一の大パノラマが楽しめる。

▲男体山山頂

 旅のワンポイント

男体山登山は十分な装備で、四合目〜山頂は特に急な岩場やガレ場が続くので注意。中禅寺湖俯瞰するには二荒山神社の先、男体山神社付近がよく見える。半月山展望台はスペースが狭いので、混んだ時は譲り合いを。足尾側の山々の眺めも良い。当たり前のことだが、晴天の日でないと、湖はコバルトブルーに輝かない。

- 問い合わせ先／TEL.0288-55-0880（日光自然博物館）
- ちょっとひと息／二荒山神社中宮祠前に駐車場、トイレあり

シーズン

男体山の登山期間は5月〜10月（8月1日午前0時から一週間は登拝祭）、二荒山神社の登拝口は午前6時に開く。入山料500円。半月山への中禅寺湖南岸道路は4月下旬〜11月通行可（冬期通行止）。入り口ゲートは7時に開く。

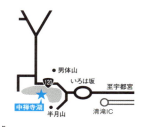

- アクセス／
清滝ICから国道120号で中宮祠まで約30分

Summer ㉞
日光白根山と五色沼　日光市湯元

岩峰と沼、前白根山からの絶景

栃木・群馬県境にそびえる日光白根山はコニーデ型の火山で、標高2578メートル、県内の最高峰である。登山ルートは湯元温泉、金精峠からと群馬県側の丸沼高原と菅沼からがあり、丸沼高原でロープウェイを利用すると一番楽である。また、かつてはシラネアオイを代表に花の名山として知られたが、シカの食害などによって激変してしまった。

▲五色沼から望む奥白根山

 旅のワンポイント

湯元温泉からおすすめの登山ルートは、スキー場〜外山鞍部〜前白根山〜日光白根山〜弥陀ヶ池〜五色沼〜国境平〜湯元温泉のコースで、歩行は8時間以上かかり、上級者向けとなる。人気の丸沼高原ルートでは、標高2000メートルまでロープウェイで行けるので、山頂から五色沼〜弥陀ヶ池方面を巡っても歩行時間は5〜6時間である。また、ロープウェイ山頂駅周辺にはかつて白根山に群生していたシラネアオイが見られ、花時期は6月中旬〜7月上旬。

- 問い合わせ先／TEL.0288-62-2321（日光湯元ビジターセンター）
- ちょっとひと息／湯元温泉に駐車場、トイレ、ビジターセンターがある

シーズン

5月いっぱいまで雪が残り、本格的な夏山シーズンは6月になってから。紅葉シーズンは9月下旬〜10月中旬、11月には降雪があり、12月から雪山になる。

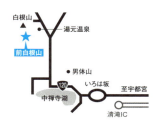

- アクセス／
清滝ICから国道120号で湯元温泉まで約50分

Summer ㉟
おだしろがはら
小田代原のノアザミ

ノアザミ群落はシカに食べられたり、水没で根腐れしたりで増減の繰り返しだが、2017年は木道近くでよく咲いた。朝霧との組み合わせを狙って何度か通ったが、薄曇りの日に撮影したカットが花色がきれいに出てベスト。貴婦人は花の脇役においてもやはり絵になる存在である。

Summer ㊱
たかはらさんろく
高原山麓のナツエビネ

7月下旬、新聞で「ナツエビネ輝く」の記事を見つけ、一般公開しているとのことで、8月になって行ってみる。今まで県内で自生を撮影したことはなく、半信半疑。はたして林の中に入ると、無数に咲く花にびっくり。夕暮れ時までじっくり夢中で撮らせていただいた。

Summer ㉟
小田代原のノアザミ　日光市中宮祠

一面赤く染まるお花畑と貴婦人のコラボ

戦場ヶ原の西側にある周囲約3キロメートルの草原。植物の宝庫で約100種類もの花が咲くが、一時期はシカに荒らされて絶滅の危機にあった。ところが柵で囲ったら見事に復活。背景に日光連山を一望でき、人気の絶景地である。また、盆地状の地形で、朝霧が発生し、1本のシラカバ（貴婦人）と合わせ、写真愛好家の聖地でもある。秋の大雨で数年に一度、草原に沼ができる（P114）。

▲日光連山を一望できる草原

\ シーズン /

花の見頃は7月下旬～8月上旬。6月～8月はアヤメ、ホザキシモツケはじめ多く花が見られる。草紅葉は9月下旬～10月上旬、カラマツの黄葉は10月中旬～下旬

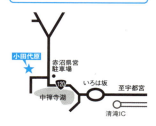

 旅のワンポイント

赤沼駐車場から低公害バス（4月下旬～11月下旬運行）を利用すれば、歩かなくても行ける。展望台から一周できる歩道があり、特に西側は高床式木道で眺めが良い。赤沼からミズナラ原生林の中を歩くコースもあり、片道約1時間。また、戦場ヶ原方面や西ノ湖方面へ抜けるコースも組める。小田代原バス停に唯一トイレがある。

● 問い合わせ先／TEL.0288-62-2321（日光湯元ビジターセンター）
● ちょっとひと息／赤沼に駐車場、トイレ、自然情報センターがある

●アクセス／
清滝ICから国道120号で赤沼まで約40分

Summer ㊱
高原山麓のナツエビネ　塩谷町船生

涼を呼ぶ青紫の可憐な花

一般にエビネというと春に咲く野生ランで、花色の変化で人気が高く、自生地の多くは乱獲されてしまった。ナツエビネは全国的にもさらに珍しく、約1万株の群生地は日本随一であろう。高原山麓でシイタケ栽培を営む大島さんが、約30年前から趣味で植栽している。ヒノキ林の中に実生で増え、肥料としての椎茸の菌床が合っているようだ。青紫の花は夏の季節に涼を呼ぶ美しさがある。

▲青紫色の花

\ シーズン /

花の見頃は8月上旬～下旬。一昨年から一般公開しているが、2019年は花の最盛期となる8月中旬の10日間前後を公開予定と言う。入場無料

 旅のワンポイント

自生地への車道は狭く、運転と駐車には十分注意すること。公開期間中は大島さんと地元の人がボランティアで案内してくれる。また、自生地内を歩く時、実生の小さな株を踏み付けないよう注意したい。

● 問い合わせ先／TEL.080-6592-4318（大島さん）
● ちょっとひと息／道の駅湧水の郷しおや：国道461号沿い

●アクセス／
矢板ICから国道461号で船生へ、さらに北側の山中に進み約30分

Summer ㉗

**ハンターマウンテン
ゆりパーク**

色とりどりの大輪の花と甘い香りに包まれた白樺の丘は、まさに別天地。猛暑の日が続く下界から山の上に来れば、心地良い涼風も吹き、遊歩道を散策する人も和やかな笑顔になる。脚立を使って高いアングルで、全体を見渡した。

Summer 38
見野のハス畑
（みの）　（はたけ）

ハスの撮影は早朝が良い。花はふつう4日間咲くが、1日目は早く閉じ、4日目は早く散るので、朝の時間帯が一番花数が多く見られる。ハス畑周辺には民家が並ぶが、背景に笹目倉山をはじめ山並が続き、山里の雰囲気がよく出る。

Summer ㊲
ハンターマウンテンゆりパーク　那須塩原市湯本塩原

白樺の丘とゲレンデに咲く400万輪の花

高原山の北側、標高1595メートルの明神岳の斜面にハンターマウンテンスキー場があり、冬の銀世界とは一変し、夏は色とりどりのユリの花園となる。白樺の丘～サークルゆり～ゆり平原などテーマ別に分かれ、約50種、400万輪のユリが植栽されている。そしてフラワーリフトも運行され、最長約2キロメートルの歩道が整備され、高原の花の散策が楽しめる。※2021年は休止

▲ゆり平原

旅のワンポイント

フラワーリフトを利用すれば楽で、まずはみはらし展望台でゆり大斜面と塩原～那須の山並を一望し、早咲き白樺エリア～白樺の丘へと登り、サークルゆり～ゆり平原を下るコースがおすすめ。ゆっくり歩いて約1時間。また、10月上旬～11月上旬には紅葉ゴンドラが運行される。

●問い合わせ先／TEL.0287-32-4580（ハンターマウンテン塩原）
●ちょっとひと息／道の駅湯の香しおばら：国道400号沿い

シーズン
花の見頃は7月中旬～8月下旬。早咲きのスカシユリ系から遅咲きのハイブリット系まで長期間咲いている。開園時間は9時～16時45分、入園料は1000円（リフト代上りセットで1600円）

●アクセス／
西那須野塩原ICから国道400号～日塩もみじラインを経由して約40分

Summer ㊳
見野のハス畑　鹿沼市見野

山里の田んぼに咲くハスの花

鹿沼市街地の北部、山里の田んぼの一角にハス畑がある。近くに住む木村さんが休耕田を借りて、切り花出荷用に栽培している。面積は約1ヘクタール、県内でこれだけの規模は珍しく、ピンクの花だけでなく、白花や八重咲きも無数に咲く。ハス畑へは出荷時期に合わせて水を入れるそうだが、暑い時期の雑草取りが大変だそうだ。

▲白花

旅のワンポイント

作物としての栽培地で公園ではないので、マナーは厳守したい。特に農道に駐車することになるので、近所の住民の迷惑にならないように注意。公園としてのハス池は、栃木市都賀町臼久保の「つがの里」にあり、花の時期は6月下旬～7月下旬と早い。

●ちょっとひと息／まちの駅新・鹿沼宿が国道121号沿いにある

シーズン
花の見頃は7月中旬～8月中旬。朝の時間帯なら涼しくてよいが、昼間は30℃を超える。暑さ対策を忘れずに。

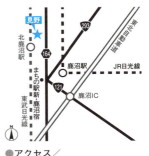

●アクセス／
鹿沼ICから国道121号～県道164号を経由して約30分

Summer 39
ましこ
益子のヒマワリ

田んぼの隅々までヒマワリの花に埋もれるお花畑。花は東向きに開くので、東端から高さ2メートルほどの脚立に上って撮影する。青空と夏雲を背景にした花景色を狙っていたが、満開の日は薄曇り、しかし黄色の花と緑の葉がきれいな発色となり幸いであった。

Summer ㊵
のぎ
野木のヒマワリ

高さ2メートル近くあるヒマワリの花は、見晴台に上がって見ると一変する。直線上に作付されたお花畑が一望でき、カラフルな祭りのテントも見渡せる。そして上空の青空には白い雲が湧いてきて、夏らしい花風景になってきた。

Summer ㊴
益子のヒマワリ　益子町上山・生田目

休耕田一面に咲くお花畑

益子町南西部、小貝川沿いの田園地帯では休耕田を利用し、地元住民が育成、管理し、町職員も協力して、夏にヒマワリ、秋にコスモス（P108）のお花畑が作られる。ヒマワリは上山地区に10ヘクタール、コスモスは生田目地区に11ヘクタールと広大で、高さ3メートルほどの展望台が設置され、お花畑の中にインスタ映えするようブランコなども置かれる。

▲展望台からヒマワリ畑を眺める

\ シーズン /

花の見頃はヒマワリが8月中旬、コスモスが10月中旬。入場無料でお花畑周辺はいつでも歩行自由。

 旅のワンポイント

お花畑周辺の農道と田のあぜ道が自由に歩けるので、好みの場所でお花見、写真撮影が楽しめる。また、花の摘み取りが自由な場所もあり、良い思い出のお土産になる。車で訪ねるときは指定の駐車場に止め、農道には駐車しないよう注意。

●問い合わせ先／TEL.0285-72-3101（ましこ花のまちづくり実行委員会）
●ちょっとひと息／道の駅ましこ：県道257号沿い。開花時期には駐車場横のテントで地元農産物を販売

●アクセス／
真岡ICから県道47号〜257号を経由して約20分

Summer ㊵
野木のヒマワリ　野木町野木

元祖花フェス、30万本のヒマワリ

野木町でヒマワリ栽培が始まったのは平成元年。以来、新旧住民が協力して開催する、ひまわりフェスティバルが毎年続いている。県内では花をテーマにしたフェスティバルの元祖といってもよい。面積4.3ヘクタールに30万本、7月末の金土日曜日に祭りが開催される。ひまわり大迷路や見晴らし台、休憩テントなども設置され、ステージでは連日イベントが催され、多くの花見客で賑わう。

▲高さ2メートルの見晴らし台

\ シーズン /

花の見頃は7月下旬。フェスティバル期間は7月末の金土日曜日。入場無料、駐車場は一部有料500円。

 旅のワンポイント

いろいろなイベントがあるので花を見ながら家族で一日楽しめる。路上駐車は禁止。町南西部にある野木町煉瓦窯は国の重要文化財に指定され、明治近代化の歴史が学べる。また、野木町、上三川町、益子町はひまわりサミットで連携し花時期を三町それぞれ変えて、サンサンスタンプラリーが行われる。

●問い合わせ先／TEL.0280-57-4153（野木町ひまわりフェスティバル実行委員会）
●ちょっとひと息／道の駅思川：国道50号沿い

●アクセス／
佐野藤岡ICから国道50号〜県道174号などを経由して約30分

Summer ㊶
たしろやま
田代山のキンコウカ

山頂にたどり着くと、そこは広大な湿原。展望を遮るものは何もなく、まさに雲上の楽園。気分爽快、何度登っても飽きない山である。花の咲き具合には当たり外れがあるが、この年は大当たり。黄色の小花が一面に咲き、雲湧く夏空もいいアクセントになった。

Summer ㊷
たいしゃくさん
帝釈山のオサバグサ

オサバグサ（筬葉草）は自生地の数少ないケシ科の珍しい植物である。帝釈山〜田代山一帯のオオシラビソの林に群生し、ここは日本随一の規模であろう。写真は10年ほど前に撮ったものだが、昨年訪ねてみたら、自生の数が激減、原因は人かシカか不明だが、今後が心配である。

Summer ㊶
田代山のキンコウカ　日光市・福島県南会津町

山頂が湿原のお花畑

栃木・福島県境にあり、標高は1971メートル。山頂部が平坦な大湿原という珍しい山で、多くの湿性植物が見られる。雪解け後の6月からチングルマ、タテヤマリンドウ、トキソウ、キンコウカ等が8月まで咲き続ける。展望も素晴らしく、日光連山〜尾瀬会津の山々が一望できる。登山口は福島県側の猿倉登山口で、登り約2時間、下り約1時間30分、山頂近くに避難小屋とトイレがある。

▲山頂は湿原

シーズン
夏山シーズンは6月〜8月、キンコウカの花の見頃は7月下旬〜8月上旬

旅のワンポイント

猿倉登山口へは南会津町湯ノ花温泉から田代山林道を行くが、ダートの道で道幅が狭いので注意。山頂までの標高差は約600メートルあり、ジグザグの急坂もあるのでゆっくりと登ろう。山頂の湿原には一周できる木道が整備されているが、一方通行になるので注意。避難小屋は湿原奥の林の中にあり、新設された。

●問い合わせ先／TEL.0241-64-5611（南会津町観光物産協会舘岩支部）
●ちょっとひと息／道の駅たじま：国道121号沿い（福島県）

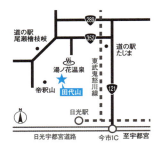

●アクセス／
今市ICから国道121号などを経由して猿倉登山口まで約2時間。栃木県側の田代山林道は通行止めが多いので要確認

Summer ㊷
帝釈山のオサバグサ　日光市・福島県桧枝岐村

ケシ科の珍種、日本随一の群生地

栃木・福島県境にあり、標高は2060メートル。奥深い山で、かつては登山者も少なかったが、桧枝岐村側からの馬坂林道が整備されて、馬坂峠まで車で行け、楽に登れる山になった。オサバグサは登山道わきに群生し、田代山や台倉高山方面にも見られる。峠の登山口から山頂までは登り約50分、林の中の道だが、山頂は展望が開け、日光連山〜尾瀬の山々を一望できる。

▲山頂より日光連山を望む

シーズン
花の見頃は6月下旬〜7月上旬

旅のワンポイント

桧枝岐温泉から馬坂峠への林道は、途中からダートの道でカーブが多く、運転には注意を。帝釈山頂から田代山へのコースは尾根沿いの道で、登り下りはあるが、片道約1時間で行ける。栃木県からは車移動に時間がかかるため、桧枝岐温泉へ一泊するのも一考。さらに御池まで行って、沼山峠から尾瀬沼への花ハイキングも楽しめる。

●問い合わせ先／TEL.0241-75-2503（桧枝岐村観光振興課）
●ちょっとひと息／道の駅尾瀬桧枝岐国道352号沿い（福島県）

●アクセス／
今市ICから国道121号〜352号を経由して馬坂峠まで約3時間。栃木県側の馬坂林道は通行止め

とちぎの絶景
Autumn

Autumn ㊸
かみながの ばたけ
上永野のソバ畑

周りを山々に囲まれた中山間地の田んぼは、一面真っ白なソバの花が咲く。秋晴れの日、農道わきのあぜ道にはピンクと白のコスモスが彩りを添えていた。のどかな田舎の秋のひとコマである。

Autumn 44
長畑のソバ畑
なかはた　　　ばたけ

地名の通り、山合いの畑は段々状に山奥へと長く続き、それが一面真っ白になるソバ畑である。雨上がりの朝、県道わきからやや高い位置で眺めると、筋状に整然と植栽された様子がよくわかる。後方の鶏鳴山にかかった雲も次第に取れてきた。

Autumn ㊸
上永野のソバ畑　鹿沼市上永野

静かな中山間地に咲く秋・冬の花

清流「永野川」の上流、山々に囲まれた静かな上永野地区、昔から麻が栽培され、その裏作としてソバが作られていた。近年のそばブームで栽培面積は約50ヘクタールにもなり、地元の店では、地粉を使ったそばが味わえる。一方、冬に咲くロウバイが見られる「蝋梅の里」（P167に写真）もある。園主の大貫さんが全国から集めた500株の満月と素心、珍しい基本種や原種も見られ、山里にほのかな甘い香りが漂う。

▲ソバの花

> **シーズン**
> ソバの花の見頃は9月中旬～下旬。ロウバイの花の見頃は12月中旬～3月中旬、開園は10時～16時、入園料300円（蝋梅の里TEL.090-1124-2281）

 旅のワンポイント

> ソバ畑を見るには農道を進むと良く、道端にはヒガンバナやコスモスの花も見られる。農耕車の邪魔にならないよう駐車し、のんびりと田舎のソバ畑の中を散策してみたい。蝋梅の里は面積約1.5ヘクタールあり、一周する歩道が整備され、園内を一望できる展望台もある。防寒の準備は万全にして可憐な花と香りを楽しみたい。

●問い合わせ先／TEL.0289-60-2507（まちの駅新・鹿沼宿）
●ちょっとひと息／まちの駅清流の里かすお：県道32号・15号の交差点にある

●アクセス／
栃木ICから県道32号を経由して約20分

Autumn ㊹
長畑のソバ畑　日光市長畑

山あいに続く長いソバの畑

日光市南東部に位置する中山間地、昔ながらの曲線のあぜ道が残り、約20ヘクタールの休耕地にソバが栽培される。山々に囲まれて朝霧も出る冷涼地はソバの栽培に適し、おいしい「日光産そば」を生産している。あぜ道を歩いていると、土手にはヒガンバナやノコンギクも咲き、懐かしい田舎の田園風景を見ているようである。

▲牧野のソバ畑

> **シーズン**
> 花の見頃は9月中旬～下旬。県内の他のソバ畑も花の見頃はほぼ同じ。ソバは種を撒いてから約1ヶ月で開花する。

 旅のワンポイント

> ソバ畑の中の農道は狭いので、市道に邪魔にならないよう駐車し、のんびりと歩きたい。道路沿いにある「三たてそば長畑」は県内の農村レストランのはしり。地元の人たちの共同経営で、地粉を使用したソバが自慢、散策の後、味わってみたい。県内のソバの生産地としては他に、茂木町の牧野、佐野市の仙波などが知られ、どこも中山間地の山里である。

●問い合わせ先／TEL.0288-22-1525（日光市観光協会）
●ちょっとひと息／道の駅日光：国道119号沿い。近くの国道121号交差点に地元農産物を販売する落合直売所がある

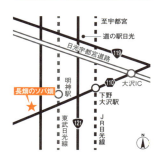

●アクセス／
大沢ICから県道110号などを経由して約10分

Autumn ㊺
なす
**那須フラワーワールド
のケイトウ**

澄みきった秋空のもと、赤、黄色、ピンク、オレンジのケイトウが帯状に並んで咲き、高原の台地は、まさに花のパッチワークである。背景には茶臼岳を主峰とする那須連山が並び、間もなく紅葉の季節を迎える。

●お問い合わせ・詳細は37ページ参照 ▶▶▶

Autumn 46
じょうらくじ
常楽寺のヒガンバナ

花名の通り、秋のお彼岸の頃になると咲く花。寺の参道は真っ赤な花に彩られ、録事尊やお地蔵様、古い石垣との組み合わせも絵になる。雨上がりの早朝、参拝する人も少なく、境内はしっとりと落ち着いた雰囲気で、心洗われる思いで撮影できた。

Autumn 47

出流ふれあいの森のシュウカイドウ
いずる　　　　　もり

数年前から人気の撮影スポットになり、花の時期は写真愛好家が土手の上に並ぶ。石垣にびっしり咲く花と川の流れの組み合わせが絵になり、上流からと下流から（写真）では趣が変わる。花の形もユニークでクローズアップの撮影も面白い。

Autumn ㊻
常楽寺のヒガンバナ　鹿沼市下粕尾

秋のお彼岸、参道を彩る真っ赤な花

常楽寺は清流「思川」沿いの山里にあり、東国花の百ヶ寺のひとつ。四季を通して花々が咲いているが、ヒガンバナの咲く時期が人気の寺で、前の畑にはソバが栽培され、紅白のコントラストも美しい。ヒガンバナは不思議な植物で、9月になって花茎が急速に伸び、花が終わった後に葉が出て冬を越し、春には枯れて夏は休眠している。

▲遊の里のヒガンバナ

シーズン

花の見頃は9月中旬～下旬。9月上旬～中旬にはハギの花も見頃となる。4月上旬のサクラの時期もきれい。

 旅のワンポイント

参拝しながら参道をのんびり花散策したい。録事尊には鎌倉時代の名医「中野智玄」の伝説があり、雷除けとしても信仰されている。ヒガンバナの名所として、山ひとつ北側、粟野川の中流域に「遊の里 彼岸花群生地」があり、河川敷に一周する遊歩道が整備されている。花の見頃は常楽寺よりやや早い。

●問い合わせ先／TEL.0289-60-2507（まちの駅新・鹿沼宿）
●ちょっとひと息／まちの駅清流の里かすお：県道32号、15号の交差点にある

●アクセス／
栃木ICから県道32号～15号で約20分

Autumn ㊼
出流ふれあいの森のシュウカイドウ　栃木市出流町

清流沿いの石垣に増えた花

栃木市の北西端、深い森の中にあり、体験交流センターをはじめ、キャンプ場、コテージ、バーベキュー広場などが整備され、自然の森とふれあえる。森の中には清らかな出流川が流れ、両岸の石垣にシュウカイドウが群生している。20年ほど前に地元の人が植えた株が、環境に合ってどんどん殖え、今では距離にして300メートル以上の大群落となった。

▲清流に映える花

シーズン

花の見頃は8月中旬～9月中旬。夏休み中はキャンプを楽しみに、多くの子供たちや家族連れでにぎわう。

 旅のワンポイント

群生地の川は駐車場のすぐ横にある。長靴を用意すれば川の中から撮れるが、他の人の邪魔にならないよう注意。シュウカイドウは近くの満願寺周辺の渓流沿いでも見られる。また、満願寺門前には10数件の茶店が並び、名物の「出流そば」が人気で、一度は味わってみたい。

●問い合わせ先／TEL.0282-31-0810（ふれあいの森管理事務所）
●ちょっとひと息／近くにはないが、道の駅にしかたが国道293号沿いにある

●アクセス／
栃木ICから県道32号～202号などを経由して約20分

Autumn 48
ましこ
益子のコスモス

コスモス（秋桜）というと「秋の空を背景に咲くピンクの花」というイメージが強いが、夜明け前の生田目のお花畑を撮ってみた。日の出（6時）の30分ほど前、集落にはうっすらと霧がかかり、雨巻山方面は日の出前のシルエット、花色が薄明るい逆光で変わった発色となった。

●お問い合わせ・詳細は93ページ参照 ▶▶▶

Autumn ㊾
うばがだいら　こうよう
姥ヶ平の紅葉

県内で一番早く紅葉が楽しめるのは那須連山。中でも茶臼岳北側にある姥ヶ平は盆地状になって強風の影響が少ないため、毎年、色鮮やかな紅葉が楽しめる。白煙を上げる茶臼岳との組み合わせは雄大で、朝日岳〜三本槍岳方面も遠望できる。

Autumn 50

こまどめ　たき　こうよう
駒止ノ滝の紅葉

那須平成の森ができる前は、知る人ぞ知る幻の滝だったが、今は展望台から誰でも華麗な姿が眺められる。糸を引くような滝の流れはスローシャッターで撮り、エメラルドグリーンの滝つぼも美しい。ただし場所が狭いので撮影は譲り合って順番に。

Autumn view ㊾
姥ヶ平の紅葉　　那須町湯本

県内で一番早い紅葉スポット

那須連山の主峰「茶臼岳」は標高1915メートル、山頂一帯は岩礫で樹木はないが、標高約1600メートルの姥ヶ平周辺はサラサドウダン、ナナカマド、ミネカエデなどの紅葉する樹木が多く、ハイマツやゴヨウマツの緑も交じり、いっそう鮮やかに見える。姥ヶ平へ行くにはロープウェイを使って牛ヶ首経由と、峠ノ茶屋から峰ノ茶屋経由で行くコースがある。

▲ひょうたん池と茶臼岳

シーズン
紅葉の見頃は9月下旬～10月上旬。夏山は6月～8月。那須連山の稜線は夏～秋でも強風が吹くので注意。

旅のワンポイント
峠ノ茶屋から歩くコースがおすすめで、峰ノ茶屋までは朝日岳を眺めながら登り約50分。峰ノ茶屋からは茶臼岳の北側巻き道で、眺めは良く、牛ヶ首手前から下る。姥ヶ平までは約30分。姥ヶ平の少し先にひょうたん池があり、水面に茶臼岳と紅葉が映る。那須ロープウェイを使うと、山頂駅から姥ヶ平までは片道約40分。

● 問い合わせ先／TEL.0287-72-6918（那須町観光商工課）
● ちょっとひと息／道の駅那須高原友愛の森：県道17号沿い

●アクセス／
那須ICから県道17号で峠ノ茶屋駐車場まで約40分

Autumn view ㊿
駒止ノ滝の紅葉　　那須町高久丙

那須平成の森の名瀑

余笹川上流の断崖を落ち、落差約20メートル、その昔「ここを通った旅人と馬までもが足を止めて美しい滝を眺めた」という話からこの名がついたといわれる。展望台は北温泉近くの駐車場わきにあり、那須平成の森の一部として整備されている。平成の森は那須御用邸の一部を環境省が整備し、フィールドセンターから森の中を展望台まで歩くコースもある。

▲駒止ノ滝の新緑

シーズン
紅葉の見頃は10月中旬。5月～6月の新緑時期には紅紫色のトウゴクミツバツツジが咲く。フィールドセンターは9時～17時開園、水曜日休園（5月・8月・10月は無休）

旅のワンポイント
那須平成の森では自然とふれあい、生物の多様性と自然との共生を学ぶことができる。インタープリターのガイドウオークもある。近くにはツツジの名所、八幡（P44参照）もあり、併せて訪ねてみたい。

● 問い合わせ先／TEL.0287-74-6808（那須平成の森フィールドセンター）
● ちょっとひと息／那須高原友愛の森：県道17号沿い

●アクセス／
那須ICから県道17号を経由して那須平成の森まで約35分

Autumn 51
おだしろがはらこ
小田代原湖

草原には数年に一度の割合で水が溜まるが、2011年秋には湖が出現した。木道まで水につかり、40数年間通って初めての光景である。この日は早朝うっすらと霧が出て、湖面は鏡となり、日光連山とカラマツの黄葉、貴婦人がくっきりと映った。

●お問い合わせ・詳細は85ページ参照 ▶▶▶

Autumn 52
りゅうず　たき　こうよう
竜頭ノ滝の紅葉

滝つぼを正面間近に見られる龍頭之茶屋展望台は人気の観光スポットで、いつも多くの人でにぎわう。雨上がりの早朝、人が少なく、じっくり三脚を立てられ、赤や黄色に彩られた竜の頭のような滝の流れを、スローシャッターで切る。

Autumn ㊾
けごん たき こうよう
華厳ノ滝と紅葉

滝を眺めるとき、中宮祠のエレベーターで降りた観瀑台は迫力ある姿だが、周辺の自然の組み合わせでは、明智平展望台からがベストである。2018年秋は滝の水量が多かった。滝つぼから霧が舞い上がり、快晴のもと、紅葉の森と中禅寺湖が脇役となる。

Autumn 52

竜頭ノ滝の紅葉　日光市中宮祠

紅葉に包まれた滝の流れを目の前で

湯川が中禅寺湖へと流れる手前、男体山噴火の溶岩の上を約200メートルにわたって流れ落ちる滝。滝つぼ近くで2つに分かれ、その様子が竜の頭に似ていることからこの名がついた。滝つぼ前の茶屋展望台が一番人気だが、滝に沿って遊歩道があり、滝上の橋からも豪快な流れが眺められる。年間を通して変化のある四季の光景が楽しめ、トウゴクミツバツツジの咲く新緑の頃も美しい。

▲竜頭ノ滝の新緑

 旅のワンポイント

滝沿いの遊歩道は階段状で、ゆっくり上がって滝上まで約15分。滝上から国道を渡って、湯川沿いに5分ほど歩くと竜雲ノ滝がある。川幅広い湯川が急に狭くなって、岩の間を豪快に落ちる。滝の下流には「さかなと森の観察園」があり、子供たちに人気の施設である。

●問い合わせ先／TEL.0288-55-0880（日光自然博物館）
●ちょっとひと息／滝前に駐車場、トイレあり

 シーズン

紅葉の見頃は9月下旬～10月上旬。トウゴクミツバツツジの花の見頃は5月下旬～6月上旬。四季を通して変化ある光景が楽しめる。

●アクセス／
日光ICから国道120号を通って約30分。滝前の駐車場はすぐに満車となるが、菖蒲ヶ浜スキー場跡地に広い駐車場がある

Autumn 53

華厳ノ滝と紅葉　日光市細尾町

名瀑と奥日光の大パノラマ

華厳ノ滝は那智の滝、袋田ノ滝とともに日本三名瀑のひとつに数えられる。落差97メートル、中禅寺湖の水が溶岩の絶壁を落下する姿は大迫力である。明智平からロープウェイで展望台へ上がると、その姿が正面に、さらに中禅寺湖や男体山も一望できる。明智平の地名は天海僧正の命名と伝えられ、俗説によると、天海は明智光秀の後身とされている。

▲明智平のロープウェイ

 旅のワンポイント

ロープウェイを利用すれば誰でも大パノラマを楽しめるが、紅葉時期はいろは坂上りの明智平駐車場待ちの車で渋滞するので注意。展望台から先、茶ノ木平方面へハイキングコースもあり、好展望ポイントがあるが、マイカー利用の場合は往復コースとなる。中宮祠の華厳ノ滝エレベーターは、3月～11月は8時～17時、12月～2月は9時～16時30分運行。料金は大人往復550円

●問い合わせ先／TEL.0288-55-0880（日光自然博物館）
●ちょっとひと息／明智平に駐車場、トイレ、売店あり

シーズン

紅葉の見頃は10月中旬～下旬。ロープウェイは4月～11月は8時30分～16時。12月～3月は9時30分～15時運行。料金は大人往復730円

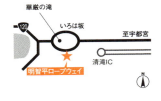

●アクセス／
清滝ICからロープウェイまで国道120号で約20分

Autumn 54
はっちょうでじま　こうよう
八丁出島の紅葉

快晴の朝、中禅寺湖歌ヶ浜から歩き始め、狸窪手前の展望が開けた場所で待機。7時20分頃から八丁出島に日が入り始め、鏡となった湖面にも色鮮やかな紅葉が映る。後方には白根山も見える。9時過ぎると波が出てしまうので、朝の一時間ちょっとが勝負である。

Autumn ㊺
せとあいきょう　こうよう
瀬戸合峡の紅葉

断崖絶壁にかかる吊橋、谷底まで数百メートルはあり、岩壁は色とりどりの紅葉と緑のマツに彩られ、まさに大迫力の眺めである。近年、全国的なダム人気のようで、連日、紅葉狩りの観光客でにぎわっていた。ただし、高所恐怖症の人は要注意。

Autumn ❺❹
八丁出島の紅葉　日光市中宮祠

湖で最も色鮮やかな半島

中禅寺湖では北岸よりも南岸の方がモミジ類が多く、紅葉が色鮮やかである。中でも湖に細長く突き出した八丁出島は毎年色が良い。半月山展望台から俯瞰した光景も人気があるが、やはり近くで眺めたい。湖南岸を歩いていると、狸窪付近は湖が湾状になって波が静まり、湖面に紅葉が映り込むことがよくある。湖面越しに形の良い円錐形の男体山も見られる。

▲八丁出島と男体山

> シーズン
>
> 紅葉の見頃は10月中旬～下旬。年間を通してハイキングが楽しめ、5月～6月はツツジの花と新緑がきれい。冬期は凍結するので滑り止めの装備を用意。

 旅のワンポイント

湖南東岸の道は一般車通行止めで、歌ヶ浜駐車場から歩くことになる。道はほぼ平たんで歩きやすく、湖畔にも出られる場所が多い。狸窪まではゆっくり歩いて片道約1時間。途中、英国大使館別荘記念公園、イタリア大使館別荘記念公園（共通入園券300円）があり、人気の観光スポット。湖を一周できる歩道があるが、丸一日かかる。

●問い合わせ先／TEL.0288-55-0880（日光自然博物館）
●ちょっとひと息／歌ヶ浜に駐車場、トイレあり

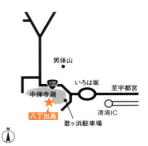

●アクセス／
清滝ICから国道120号で歌ヶ浜駐車場まで約30分

Autumn ❺❺
瀬戸合峡の紅葉　日光市川俣

断崖絶壁にかかる「渡らっしゃい吊橋」

鬼怒川の上流、野門橋～川俣ダムの約2キロメートルにかけて、岩壁に挟まれた渓谷が続く。その光景を川俣ダムサイトから眺められる。吊橋はダム建設の時に作業用に架けられたもので、今は「渡らっしゃい吊橋」として整備され、遊歩道を進めば、実際に渡ることもできる。川俣湖周辺の紅葉も美しい。

▲蛇王ノ滝

> シーズン
>
> 紅葉の見頃は10月中旬～11月上旬。5月～6月の新緑時期もきれい。7月～8月は標高が高いので避暑地になる。

 旅のワンポイント

瀬戸合トンネルを抜け、旧道を進むと駐車場があり、ダムサイトへは下り約10分。渡らっしゃい吊橋へは管理事務所の横を下り、小高い丘へ登り、ダムサイトから約30分。吊橋手前には天使の鐘もある。旧道をまっすぐ進むと見晴らし台があり、さらにバイパスの途中まで行けるが、道が狭いので注意。瀬戸合峡の下流、若間地区には蛇王ノ滝が道路沿いから見られ、紅葉時期が美しい。

●問い合わせ先／TEL.0288-22-1525（日光市観光協会）
●ちょっとひと息／道の駅日光：市街地国道120号沿い

●アクセス／
今市ICから国道121号～県道23号を経由して約1時間

Autumn 56
しおばらけいこく　こうよう
塩原渓谷の紅葉

古町温泉街にある紅の吊橋周辺は、塩原渓谷随一の紅葉名所。「塩原もの語り館」から対岸の真っ赤なモミジを眺めて皆歓声を上げるが、河原へ下りると水辺にその映り込みも楽しめる。午後2時頃、日陰になった水面に日の当たっている紅葉が逆さまに映る。

Autumn 57

日塩もみじラインの紅葉
にちえん　　　　　　こうよう

名前の通り、道路沿いには多くのモミジが植えられ（一部自生）、紅葉のトンネルの下を走る。その中でも塩原温泉入口近くの通称「大曲り」付近は、モミジが真っ赤に色づき、ひときわ美しく、多くのドライバーが車を止め、記念撮影する人気スポットである。

Autumn view ㊹
塩原渓谷の紅葉　那須塩原市塩原

対岸のモミジと渓流への映り込み

塩原渓谷は箒川の清流に沿って10数キロメートル続き、大小70余もの滝があり、11の名湯もあり、四季を通して渓谷美が楽しめる。そして、下流のもみじ公園から上流の木の葉公園まで、遊歩道が各所に整備され、紅葉時期は特に人気が高い。また、もみじ谷大吊橋、回顧の吊橋、七ッ岩吊橋、紅の吊橋など吊橋が多いのも特徴で、橋の上から渓流の絶景が見渡せる。

▲もみじ谷大吊橋

🖐 旅のワンポイント

紅の吊橋は「塩原もの語り館」の駐車場すぐ目の前。駐車場は満車のことが多く、近くの門前交流広場の駐車場を利用し、渓流沿いの歩道を歩くのも良いだろう。片道ゆっくり歩いて約20分。紅の吊橋横には、露天の「もみじの湯」があり、門前地区には「湯っ歩の里」もあり、湯につかり疲れを癒すのも良い。塩原もの語り館（8時30分〜18時開館）には歴史と文学の資料展示室（有料）があり、レストランや直売所もある。

●問い合わせ先／TEL.0287-32-4000（塩原温泉観光協会）
●ちょっとひと息／道の駅湯の香しおばら：国道400号沿い

> シーズン

紅葉の見頃は10月下旬〜11月中旬。新緑の時期は5月〜6月。四季を通して、温泉と渓谷の自然が楽しめる。

●アクセス／
西那須野塩原ICから国道400号で塩原もの語り館まで約20分

Autumn view ㊺
日塩もみじラインの紅葉　日光市・那須塩原市

真っ赤なモミジのトンネルをドライブ

鬼怒川・川治温泉と塩原温泉を結ぶ山岳観光有料道路。標高1766メートルの鶏頂山の西側山腹を走り、距離は約28キロメートル、カーブが44カ所ある。春〜夏は森林浴、秋は紅葉ドライブが楽しめ、冬は途中にあるハンターマウンテン塩原、エーデルワイスのスキー客でにぎわう。鶏頂山への登山コースもある。

▲龍王峡の紅葉

🖐 旅のワンポイント

急カーブが多いので安全ドライブを。大曲付近の駐車スペースは狭いので注意。鬼怒川温泉入口にある龍王峡も紅葉名所なので立ち寄ってみたい。駐車場から渓谷の虹見橋まで下り10分、上り20分かかるが、奇岩怪岩の渓谷美が楽しめる。塩原温泉側の新湯の東にある大沼は原生林に囲まれた周囲1キロメートル余りの沼で、遊歩道が整備されている。駐車場から一周約1時間。

●問い合わせ先／TEL.0287-32-4000（塩原温泉観光協会）
●ちょっとひと息／道の駅湯の香しおばら：国道400号沿い

> シーズン

紅葉の見頃は10月中旬〜11月上旬。冬期は冬用タイヤまたはチェーン着装。

●アクセス／
今市ICから日塩もみじラインまでは国道121号で約20分、西那須野塩原ICからは国道400号で約30分

Autumn 58
ほうらいさん こうよう
蓬莱山の紅葉

奥深い渓谷はその昔、霊場として栄えたこともあってか神聖な雰囲気が漂う。カエデやスギの古木に朝日が差すのは8時30分頃から。するとうす暗い渓流が黄金色に輝き始め、オーロラのような神秘的な色合いになる。美しい紅葉の映り込みである。

Autumn (59)

おおあしけいこく　こうよう
大芦渓谷の紅葉

渓流沿いに自生するカエデの大木。白井平橋に立つと、真っ赤に色づいた紅葉と渓流を見下ろせる。雨上がりのしっとりとした雰囲気を撮っていると、後方に見える山々には霧がかかり、仙人境にいるような心地になった。飽きることなく夕刻までじっと眺めていた。

Autumn ❺❽
蓬莱山の紅葉 佐野市作原町

渓流に黄金色のオーロラ出現

佐野市北部、大戸川の源流域にあり、日本三蓬莱のひとつ。約1200年前、勝道上人によって開かれ一大霊場になったところである。渓流沿いにはカエデの大木が自生し、晴れた日の朝、紅葉が水面に映り込み、写真愛好家に人気が高い。また、近くには上人の水、蓬莱水、宝生水などの湧水が出ている。

▲蓬莱山神社

シーズン
紅葉の見頃は11月中旬～下旬。新緑は4月～5月。ただし、5月以後、夏期はヤマヒルが出るので注意。

旅のワンポイント
周辺の道路と駐車場は狭く、紅葉時期は混雑するので注意。蓬莱山手前にある蓬山ログビレッジは野外レクリエーションの施設が整い、自然が満喫できる休憩・宿泊施設。蓬山レストランでは地元の手打ちそばが味わえる。蓬莱山のさらに奥へ行くと、幻の滝とも呼ばれる「三滝」があり、学校口の西沢駐車場から徒歩約1時間30分。佐野市街地近くにある唐沢山も紅葉の名所として人気がある。

●問い合わせ先／TEL.0283-21-5111（佐野市観光協会）
●ちょっとひと息／道の駅どまんなかたぬま：県道66号沿い

●アクセス／
佐野田沼ICから県道201号で約40分

Autumn ❺❾
大芦渓谷の紅葉 鹿沼市草久

仙人境を思わせる紅葉の渓谷美

県内有数の清流として知られる大芦川、その上流部、古峯神社の一の鳥居右側に大芦渓谷が続く。渓谷は自然林が多く残り、特に白井平橋周辺にはカエデの大木が自生し、紅葉が美しい。橋の上からは渓谷が見下ろせ、また橋の下の砂防ダムまで下りられ、流れに映る紅葉を楽しめる。渓谷には大小20もの滝があり、落差15メートルある大滝が代表的である。

▲橋の下から眺める渓谷

シーズン
紅葉の見頃は10月下旬～11月中旬。5月～6月の新緑時期、多くの種類のツツジ類の花も見られる。

旅のワンポイント
白井平橋手前に駐車スペースがあるが、狭いので混雑時には注意。橋の上からと下からと両方でゆっくり紅葉を眺めたい。大滝へは林道を車で約10分、道幅が狭いので対向車には注意。大芦川沿いの下大久保地区に、近年、人気撮影スポットの「虎岩」がある。巨大な岩肌に縦じま模様が入り興味深い。近くにカエデも自生している。

●問い合わせ先／TEL.0289-60-2507（まちの駅新・鹿沼宿）
●ちょっとひと息／まちの駅新・鹿沼宿が国道121号沿いにある

●アクセス／
鹿沼ICから国道121号～県道14号を経由して約50分

Autumn 60
かまくらやま うんかい
鎌倉山の雲海

2018年秋は冷え込みが弱く、この景色は3度目のトライ。早朝6時前から朝焼けが始まり、6時30分に日が昇ると、那珂川上空の一面の雲海はオレンジ色に輝いた。コナラの黄葉も見頃で前景に入れてみた。雲海は9時ごろまで残っていた。

Autumn 61
おおやまさんどう　こうよう
大山参道の紅葉

色づいたイロハモミジに覆われた、一直線の長い参道。早朝に訪ねると、柔らかい日差しに紅葉がより鮮やかに見える。年配の人はベンチに座って眺め、若者二人は仲良く朝の散歩を楽しんでいた。雨上がりのきれいな落葉も、一度撮ってみたい。

Autumn 60
鎌倉山の雲海　茂木町九石

秋の風物、那珂川にかかる雲海

那珂川は茂木町北部を蛇行して流れる清流である。大瀬橋の南側には標高216メートルの鎌倉山がそびえ、山頂は展望良く、那珂川を眼下に栃木・茨城県境方面を一望できる。那珂川一帯に雲海がでるのは秋の季節が多く、一帯が盆地状の地形で、山から吹き下りる冷たい風が、温かい川水に触れると霧が発生してできる。晴れた日の風のない早朝に限られる。

▲那珂川上流部を見下ろす

> **シーズン**
> 雲海が見られるのは11月上旬～12月上旬。周辺の紅葉の時期と重なる。ヤマザクラの咲く4月中旬も美しい。

 旅のワンポイント

山頂には東屋があって展望は良いが菅原神社の先にさらに見晴らしの良い展望台がある。ただし岩場なので暗い時は足場に注意する。山頂まで車で行けるが、駐車場は10台ほどで満車、車道は狭いので路上駐車しないこと。混んでいる時、大瀬橋近くの「ふるさとセンター茂木」に広い駐車場がある。ここから急坂を上って約30分。

● 問い合わせ先／TEL.0285-63-5644（茂木町地域振興課）
● ちょっとひと息／道の駅もてぎ：国道123号沿い

● アクセス／
真岡ICから国道123号～294号などを経由して約30分

Autumn 61
大山参道の紅葉　那須塩原市下永田

参道の並木は紅葉のアーケード

西那須野駅の東、大山元帥墓所の南側に、距離にして約240メートルのイロハモミジの並木がある。1917年に植栽されたというから、約100年の古木で、秋には紅葉のアーケードに覆われる。大山元帥は晩年、西那須野に別邸と農場を持ち、那須野が原の開拓にも関わってきた。近くにある乃木神社の参道は桜並木で知られる。

▲御殿山公園の紅葉

> **シーズン**
> 紅葉の見頃は11月中旬～下旬。春～夏は緑のアーケードとなる。佐久山の御殿山公園の紅葉時期はやや早い。

 旅のワンポイント

並木の南側、慰霊塔の横に駐車場があり、のんびり並木を散歩してみたい。並木道は砂利が敷かれ、歩行者のみ通れる。隣の大田原市佐久山にある御殿山公園も紅葉の名所で、城跡の公園内には推定樹齢200年のイロハモミジの巨木が多数ある。

● 問い合わせ先／TEL.0287-37-5107（西那須野観光協会）
● ちょっとひと息／道の駅那須野が原博物館：国道400号沿い

● アクセス／
西那須野塩原ICから国道400号で約10分。西那須野駅から徒歩5分

とちぎの紅葉

Autumn leaves in Tochigi

① 中ノ大倉屋根（那須町）
② 湯滝（日光市）
③ 中禅寺湖・千手ヶ浜（日光市）
④ 輪王寺逍遥園（日光市）
⑤ 獨協医科大学前（壬生町）
⑥ 長林寺（足利市）

Autumn 62

鑁阿寺の大イチョウ
ばんなじ　おお

創建以来800余年の歴史を誇る名刹。その境内に立つ大イチョウは推定樹齢550年、近づいて見ると、幹周り8メートル以上ある巨木には長い歴史が感じられ、枝から垂れる気根も迫力がある。全体を撮るのは難しく、黄葉に飾られた幹元を中心にまとめてみた。

Autumn 63
すかがわ ほ がき
須賀川の干し柿

山里の民家で軒先に吊るされて並ぶ干し柿は晩秋の風物詩。今ではあまり見かけなくなってしまったが、紅葉の取材途中で絵になる光景を偶然見つけた。古い板張りの作業小屋も趣があり、小屋の裏手にはモミジの大木が真っ赤に染まっていた。

Autumn ❻❷

鑁阿寺の大イチョウ　足利市家富町

名刹の境内に立つ巨大なイチョウ

足利氏の居館跡で広さ4ヘクタールあり、周囲に堀と土塁がめぐらされている。鎌倉時代の豪族の面影を残し、本堂は国宝に指定にされている。大イチョウは多宝塔の前に立ち、縁結びの神木として知られている。樹高は32メートルあり、黄葉時期はよく目立ち、境内には他のイチョウやカエデ類も多く、歴史ある建物との組み合わせにも趣きがある。

▲足利学校

シーズン

黄葉の見頃は11月中旬～12月上旬。境内にはサクラもあり4月上旬～中旬に見頃となる。

旅のワンポイント

鑁阿寺の大イチョウと史跡をゆっくり散策した後、すぐ近くにある足利学校も訪ねてみたい。日本最古の学校で、国指定史跡、茅葺きの壮大な建物や庭が復元されている。足利市内の紅葉名所としては、織姫公園のもみじ谷、山川町の長林寺、月谷町の行道山浄因寺などもある。また、イチョウの巨木として県内には野木町野木神社（推定樹齢1200年）、さくら市今宮神社、宇都宮成願寺、宇都宮市市役所前などが知られる。

- 問い合わせ先／TEL.0284-43-3000（足利市観光協会）
- ちょっとひと息／太平記館に駐車場、トイレ、売店あり

● アクセス／
足利ICから国道293号を経由して約10分

Autumn ❻❸

須賀川の干し柿　大田原市須賀川

晩秋の風物詩、軒先に並ぶ干し柿

大田原市東部、八溝山中の栃木・茨城県境にある須賀川地区、鹿島神社宮司の佐藤さん宅では、毎年4000個もの干し柿を作っている。近所の人も協力しての手作業で、約1ヵ月干して乾燥させ、年末に希望者に配布しているという。神社にあるモミジは推定樹齢400年の巨木で、大田原市の天然記念物に指定されている。

モミジの巨木▶

シーズン

干し柿作り作業は10月下旬～11月中旬。モミジの紅葉見頃は10月下旬～11月上旬。

旅のワンポイント

県道13号の大子黒羽線は中山間地を走り、のどかな田舎の風景が楽しめる。黒羽寄りの須佐木の先には雲厳寺がある。約700年前に創建された禅宗の古刹で、松尾芭蕉が奥の細道の紀行中に立ち寄ったことでも知られる。自然と調和した静かな紅葉の名所だが、JR東日本のコマーシャルで知られ人気のスポットにもなった。

- 問い合わせ先／TEL.0287-58-0134（鹿島神社）
- ちょっとひと息／道の駅那須与一の郷：国道461号沿い

● アクセス／
西那須野塩原ICから国道461号～県道13号などを経由して約1時間

とちぎの絶景
Winter

Winter 64 -1
渡良瀬遊水地の朝焼け夕焼け
<small>わたらせゆうすいち　あさや　ゆうや</small>

空気の澄んだ冬の朝焼け夕焼けは美しい。遊水地での朝焼け撮影は、車で行ける地内水路によく通う。日の出30分前の朝6時過ぎから東の空が赤く焼け始める。この日は薄い筋状の雲が出て、より鮮やかな色合いとなる。水路に浮く小舟や漁の仕掛け棒もポイントになる。

Winter 64 -2
渡良瀬遊水地の朝焼け夕焼け
わたらせゆうすいち　あさや　ゆうや

夕焼けの撮影は下生井の桜づつみが人気スポット。冬の日没は午後4時30分頃だが、その後に西の空が茜色に染まるドラマが始まる。濃いオレンジ色と闇夜のグラデーションは美しく、遠くに富士山のシルエットも浮かび、ヨシ原の中にある池にも茜色が映り込む。

Winter ㊿
ゆにしがわおんせん
湯西川温泉のかまくら

2018年の冬は積雪が多く、湯西川の河原も真っ白で、撮影には好条件となる。夕方4時30分にミニかまくらの点灯が始まり、うす暗い中にオレンジ色の明かりが浮かぶ。6時頃、真っ暗になる直前、真っ白な雪景色は青みがかかり、幻想的な夜の光景となった。

Winter ⓺⓸
渡良瀬遊水地の朝焼け夕焼け　栃木市・小山市

広大な遊水地で眺める自然界のドラマ

渡良瀬川、巴波川、思川の三河川に囲まれ、洪水調整のため堤防で囲まれてできた面積3,300ヘクタールの日本最大の遊水地。谷中湖の北側は、ヨシ原が茂る湿地で多くの動植物が生息する自然豊かな地となり、ラムサール条約登録湿地になっている。また、各種レクリエーション施設もあり、四季を通して憩いの場である。

▲谷中湖

シーズン
冬は晴天の日が多く、無風の冷えた朝は霧が出ることもある。谷中湖周辺の利用は冬期9時30分〜16時利用可。月曜日休

旅のワンポイント
北エントランスから車の出入りは自由だが、ところどころ車幅ギリギリのゲートがあるので注意。朝焼けを見る場合、暗い時間から行動するので事前に下見をしておくと良い。谷中湖北側の水路へは車でも行ける。夕焼け名所の桜づつみは小山市下生井から車で行け、駐車場・トイレもあり、車内で待機できる。

●問い合わせ先／TEL.0282-62-1161（渡良瀬遊水地アクリメーション振興財団）
●ちょっとひと息／道の駅みかも・道の駅思川：国道50号沿い

●アクセス／
佐野藤岡ICから国道50号〜県道9号などを利用して約20分

Winter ⓺⓹
湯西川温泉のかまくら　日光市湯西川

雪原に灯る1000個のミニかまくら

湯西川の源流域、標高1000メートルの山中にあるいで湯。その昔平家の一族が隠れ住んだと伝えられる。秘湯ブームで人気の温泉地となったが昔ながらの雰囲気が残る。冬にはかまくら祭りが行われ、河川敷に約1000個のミニかまくらが作られる。夜間にはろうそくが灯り、その夜景は日本夜景遺産にも認定されている。バーベキューが楽しめる大きなかまくらも作られる。

▲平家の里

シーズン
かまくら祭りは1月下旬〜3月上旬。春〜夏〜秋も四季の自然が楽しめる。

旅のワンポイント
かまくら祭り会場は、「平家の里」の先で行われ、橋の上からはミニかまくら全景が眺められる。温泉宿に一泊し、昼間はいろいろな施設を訪ねてみたい。中でも平家の里は茅葺き屋根の民家を移築し、平家の人々の生活様式を垣間見ることができる。温泉手前にある湯西川では、ダムの見学と水陸両用バスでダム湖遊覧クルージングが楽しめる（冬期運休あり）。

●問い合わせ先／TEL.0288-22-1525（日光市観光協会）
●ちょっとひと息／道の駅湯西川：県道249号沿い。温泉街入口には「湯西川水の郷」があり、露天風呂と足湯が人気

●アクセス／
今市ICから国道121号〜県道249号を経由して約1時間

Winter view 66

**あしかがフラワーパーク
のイルミネーション**

花のテーマパーク。冬は450万球もの発光ダイオードで飾り付けられる。日没後、西の空がまだ薄明るい頃、大フジの力強い枝がシルエットで残り、薄紫の光の房が無数に垂れ下がる。関東三大イルミネーションのひとつとして人気が高い。

●お問い合わせ・詳細は33ページ参照 ▶▶▶

Winter ❻❼
しょうぶがはま ひ で
菖蒲ヶ浜の日の出

快晴無風の朝、暗やみの中、積雪の砂浜でカメラをセットする。6時過ぎから男体山上空に朝焼けが始まり、6時40分頃、男体山と茶ノ木平の鞍部から日が昇る。湖面には男体山も映りオレンジ色に輝く。厳寒の中、神々しい光景に身が引き締まる。

Winter 68
こうとくぬま　むひょう
光徳沼の霧氷

菖蒲ヶ浜で日の出を撮影後、無風で冷えた日はすぐに光徳沼へ移動する。川沿いの樹々には霧氷がつき、男体山頂左側から8時頃に太陽が出る。霧氷は逆光に輝き、白銀の別世界となるが、30分も過ぎると溶けてしまう。厳冬の朝に見る一瞬の自然現象である。

Winter 67
菖蒲ヶ浜の日の出　日光市中宮祠

厳冬期に見る神々しい日の出

山々に囲まれた奥日光で、冬の間一番早い時間帯に日が昇るのが、中禅寺湖西岸の菖蒲ヶ浜である。快晴無風の日は数少ないが、気温がさらに下がると湖面上に霧のかかることもある。また、年によって湖の水位の変化があり、撮影した年は砂浜が広く現れ、湾状になった曲線にも変化がついた。

▲霧のかかった湖面

シーズン

1月～2月。冬の積雪量は年によって変化する。多い時は30センチを超えるが、平均して10センチ前後である。

旅のワンポイント

駐車場は、菖蒲ヶ浜バス停近くで、浜まで歩いて約10分。早朝の気温はマイナス10℃前後まで下がるので万全の防寒対策をして行きたい。凍結場所もあるので要注意。また、冬の菖蒲ヶ浜はオオワシの飛来地としても知られ、長時間にわたって観察、撮影している人も多く見かける。キャンプ場は冬期休業となる。

●問い合わせ先／TEL.0288-55-0880（日光自然博物館）
●ちょっとひと息／駐車場はバス停近く、トイレは竜頭ノ滝前にあり

●アクセス／
清滝ICから国道120号で約30分

Winter 68
光徳沼の霧氷　日光市中宮祠

快晴無風の朝限定、白銀の世界

戦場ヶ原の北側にある光徳沼は、以前は周囲300メートル程の沼があったが、現在は川の流れる湿地帯となっている。そのため、厳冬期、周辺の樹々に付いた霧氷は、川の流れ沿いだけに見られる。また、条件が良ければ、戦場ヶ原や小田代原方面でも霧氷が見られる。一度は見てみたい白銀の世界である。

▲戦場ヶ原の霧氷

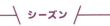
シーズン

1月～2月。光徳沼周辺の積雪は多く、車の運転も歩行も注意。

旅のワンポイント

光徳の駐車場から沼へは、春～秋なら10分程でまったく問題ないが、冬の積雪時にはスノーシューかカンジキが必要となる。クロスカントリーのコースは固められているが、新雪の場所はズボッと足が入ってしまう。また、冬の光徳はクロスカントリースキーが人気で日光アストリアホテルを中心にコースが整備されている。スノーシュー歩きも最近多く見られ、自由に森の中を歩くのも気持ちいい。

●問い合わせ先／TEL.0288-62-2321（日光湯元ビジターセンター）
●ちょっとひと息／光徳に駐車場、トイレあり

●アクセス／
清滝ICから国道120号を経由して約50分

Winter ❻❾
ちゅうぜんじこ　こおり
中禅寺湖のしぶき氷

歌ヶ浜は冬にしぶき氷の名所となる。雪化粧した白根山を背景に樹木の枝からつららが垂れる。ここ数年、湖の水位が低いのと暖冬の影響で多く付かないため、以前撮影したものを掲載。この日はほぼ無風で、湖面に白根山も映った。

Winter ⑦

裏見ノ滝の氷柱
うらみ　たき　つらら

夏のにぎわいをよそに冬はひっそりと静かだが、厳冬の年には巨大な氷柱が出現する。滝周辺の岩盤からは湧水が流れ、それが凍てつく。その高さが10数メートルあり、足元に注意して超広角レンズで近づき、後方に見える裏見滝を脇役にした。

Winter 69
中禅寺湖のしぶき氷　日光市中宮祠

厳冬を物語る湖畔のつらら

冬の中禅寺湖には北西からの強い季節風が吹きつける。そのとき上がる水しぶきが樹々や岩に付いて凍り、つららとなって垂れ下がる。厳しい冬を物語る姿である。近年の暖冬傾向で、湖が凍ることはほとんどなくなってしまったが、しぶき氷は東岸を中心に各所で見られ、写真の絶好の被写体となる。

▲倒木についたしぶき氷

> **シーズン**
> 1月～2月。その年の気温の寒暖によって氷のつき具合はかなり変化する。

旅のワンポイント
湖の北岸～東岸～南岸にかけて、岩や倒木に付くしぶきが随所に見られるが、特に歌ヶ浜から南岸の狸窪付近にかけて多い。歩道は除雪されていることが多く、冬用の靴であれば問題ないが、湖畔へ下りで氷に近づくときは要注意。氷の上を歩くのでアイゼンを持ち歩くと安心である。快晴無風の日は冬の間に数日しかないが、青空のもと、湖面に映る日光連山を背景に天然氷の芸術品を一度は眺めてみたい。

● 問い合わせ先／TEL.0288-55-0880（日光自然博物館）
● ちょっとひと息／歌ヶ浜に駐車場あり

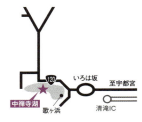

● アクセス／
清滝ICから国道120号で約30分

Winter 70
裏見ノ滝の氷柱　日光市清滝安良沢町

湧水が凍てつく巨大氷柱

華厳ノ滝、霧降ノ滝とともに日光三名瀑のひとつに数えられる名瀑。大谷川の支流になる荒沢川にあり、高さ20メートル、幅3メートルある。かつては滝の裏側に道があり滝の落下する様子を裏から眺められた。「奥の細道」で日光を訪ねた松尾芭蕉は、"暫時は滝に籠るや夏の初"と詠んでいる。周辺の岩壁には男体山からの湧水が流れている。

春の裏見ノ滝▶

> **シーズン**
> 氷柱は1月～2月。4～11月は新緑から紅葉時期で訪ねる人が多い。

旅のワンポイント
裏見ノ滝駐車場から滝展望台まで登り約20分、下り約15分。春～夏～秋なら歩くのに問題ないが、積雪時期は歩道が一部凍結するので、滑りにくい冬用の靴を準備すること。展望台から滝全体がよく眺められ、午前9時前後に日が入ると、滝つぼ周辺の水しぶきに虹が出る。荒沢川上流には、初音滝、慈観滝などがあり、春には自生のツツジ類が多く見られる。

● 問い合わせ先／TEL.0288-22-1525（日光市観光協会）
● ちょっとひと息／道の駅日光：国道119号沿い

● アクセス／
清滝ICから国道120号～県道195号を経由して約10分

Winter ⑪
スッカン沢の氷柱
   ざわ つらら

岩壁から無数に垂れ下がる槍のような氷柱群。その長さは10〜20メートルにもなり、県内随一の規模だろう。岩壁は北向きで一日中日が当たらず、青光りして神秘的な色合いである。冬にここを訪ねるのはひと苦労だが、感動的な自然美との出合いである。

Winter 72
こぐちがわ　つらら
小口川の氷柱

小さな沢沿いに約100メートルにわたって見られる氷柱群。氷柱は長さ2〜3メートルで一列に整然と並び、それが沢の水面にも映っている。何年も通ってようやく出会えた冬の絶景だが、気温が少しでも上がると壊れやすく、10日後に再び行くと氷柱は全部落ちていた。

Winter ㊆

スッカン沢の氷柱　　那須塩原市塩原

無数に垂れる氷柱群は感動の自然美

釈迦ヶ岳や明神岳を源とするスッカン沢は、奥深い渓谷、雄飛の滝や素廉の滝があり、無雪期は県道駐車場からハイキングコースがあるが、冬は県道が通行止めとなるため未踏の地となる。氷柱群は、雄飛の滝近くの岩壁に現れ、高原山からの湧水が凍てつく。冬山登山の経験がある上級者のみ見られる光景である。

▲おしらじの滝

\ シーズン /

氷柱が見られるのは1月〜2月。4月〜11月は沢上流部の県道駐車場から雄飛の滝までハイキングコースを歩けるが、その先は斜面崩壊のために通行止め。

 旅のワンポイント

前述の通り冬期は学校平（山の駅たかはら）から積雪の県道を長距離歩くので、冬山装備が必要となる。また、氷柱は気温が上がると落下するのでヘルメットを着用し、あまり近付かないこと。春〜夏〜秋のシーズンは駐車場〜雄飛の滝は往復約1時間30分。最近、近くの桜沢にある、滝つぼが青く輝く「おしらじの滝」が人気。県道沿いに駐車場もでき、滝まで往復約30分。

●アクセス／
矢板ICから県道30号〜56号を経由して学校平まで約40分。県道56号下塩原矢板線は学校平から先は冬季通行止

●ちょっとひと息／学校平に「山の駅たかはら」がある

Winter ㊆

小口川の氷柱　　那珂川町小口

一列に整然と並ぶ氷柱群

那珂川町には八溝山系の里山が続き、その西側に県内随一の清流「那珂川」が流れる。小口川はその支流にあたり、氷柱が見られるのは、そこに流れる備中沢川沿いの北向きの山の斜面である。斜面は、砂岩の地質のため、湧水が染み出て凍りつく。町内では美玉の湯近くの山の斜面でも氷柱が見られる。

▲無数に並ぶ氷柱

\ シーズン /

氷柱が見られるのは1月下旬〜2月中旬。その冬の寒暖によって付き方や大きさは、かなり変化する。

 旅のワンポイント

備中沢川へは狭い車道を入るので、駐車には気を付けること。川沿いは日陰になり、積雪があるといつまでも解けず滑りやすいので注意。美玉の湯方面の車道は広く、氷柱のすぐ近くに駐車できる。那珂川沿いの高台には馬頭温泉郷があり、アルカリ性単純温泉で美人の湯とも称され、温泉から夕日が眺められる。

●アクセス／
宇都宮ICから国道293号を経由して約50分

●問い合わせ先／TEL.0287-92-5757（那珂川町観光協会）
●ちょっとひと息／道の駅ばとう：国道293号沿い

Winter 73
鬼怒川のハクチョウ飛来地
きぬがわ　　　　　　　　　　　　ひらいち

満月で快晴の朝、朝焼けの男体山方面に月が沈んだ後、北方の空からハクチョウの群れがつぎつぎと飛んできて、旋回して川に着水する。その数、150羽を超え、ゆったり羽を休めている。背景の日光連山は雪化粧し、まさに冬の絶景である。

Winter 74
ひがしこやこ　りゅうひょう
東古屋湖の流氷

那須方面へ取材の帰り道、東古屋湖へ立ち寄ってみると、凍結した湖面をボートが走り、氷を割っている。これは絵になると思い、翌朝に再び来てみる。思惑通り、砕かれた氷が不規則に並び、青光りしている。流氷群が流れ着いたような光景であった。

Winter view (73)

鬼怒川のハクチョウ飛来地　塩谷町船生

ハクチョウと雪の日光連山、冬の絶景

鬼怒川は江戸時代に船での物資輸送が盛んだった。この辺りが最終の船着き場で、まるほ船場と呼ばれる。その水辺に毎冬150羽以上のハクチョウが飛来する。近くに在住の手塚さんが8年ほど前から餌付けを始め、その数が年々増えている。背景には男体山～大真名子山～女峰山を一望し、絵になる光景で、今後人気の冬のスポットになるだろう。

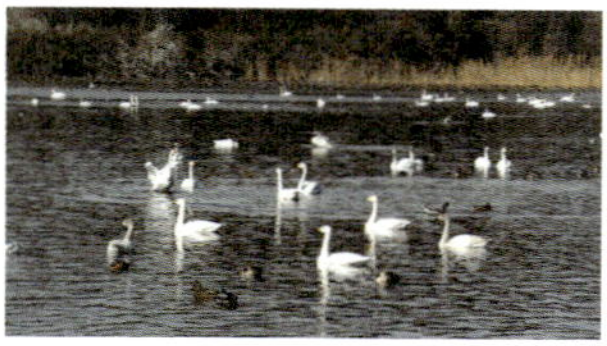
▲水辺で休むハクチョウ

旅のワンポイント

船場近くに駐車スペースがあり、車を降りてすぐ目の前で見られる。ただし川堤にはロープが張ってあり、決して河川敷には降りないこと。ハクチョウは警戒心が強く、近付くと逃げてしまう。近くの鬼怒川沿いには景勝地があり、上流のかご岩は大小の白い奇岩が突出している。下流の佐貫観音は、高さ64メートルの岩塊に大日如来磨崖仏がある。併せて訪ねてみたい。ハクチョウの飛来地として大田原市羽田沼も知られる。

●問い合わせ先／TEL.0287-41-6101（道の駅湧水の郷しおや）
●ちょっとひと息／道の駅湧水の郷しおや：国道461号沿い

シーズン

ハクチョウの飛来期間は11月中旬～3月下旬

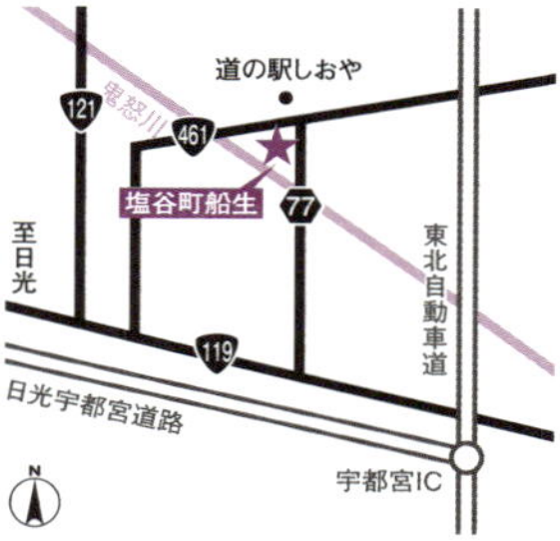

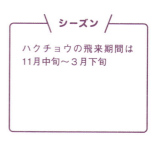

●アクセス／
宇都宮ICから国道119号～県道77号などを経由して約30分

Winter view (74)

東古屋湖の流氷　塩谷町上寺島

冬の湖面に漂う流氷群

西荒川上流、西荒川ダムによってできた東古屋湖は釣りの人気スポットとして知られるが、禁漁となる冬季、不思議な氷の模様を見せる。凍結した湖面を釣りの解禁に合わせ、ボートで割っていくため、流氷のように砕けた氷が浮いている。その現象は日に日に変化し、特異な冬の光景を見せる。

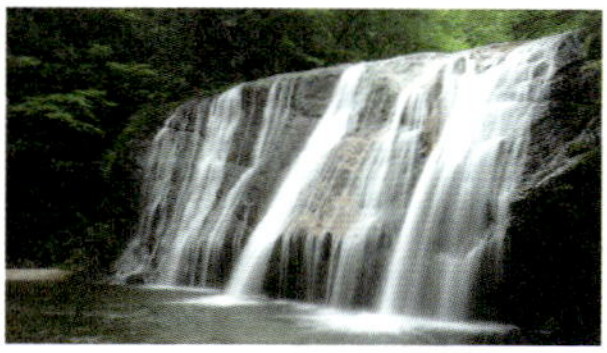
▲夏の大滝

旅のワンポイント

流氷の模様は場所によっても変わるので湖畔を歩いていろいろな方向から眺めてみたい。また、湖の凍結はその年の冬の気温によってもかなり変化する。西荒川源流には大滝があり、高さ10メートルだが幅が20メートルあり、春～秋に周りの森も美しい。ただし、冬季は車の通行不可。湖の釣りはニジマス、サクラマス、ヤマメ、ワカサギなどが釣れ、大型の魚が上がるのも人気。

●問い合わせ先／TEL.0287-45-2211（塩谷町産業振興課）
●ちょっとひと息／道の駅湧水の郷しおや：国道461号沿い

シーズン

流氷ができるのは1月～2月。釣りの解禁は3月～12月

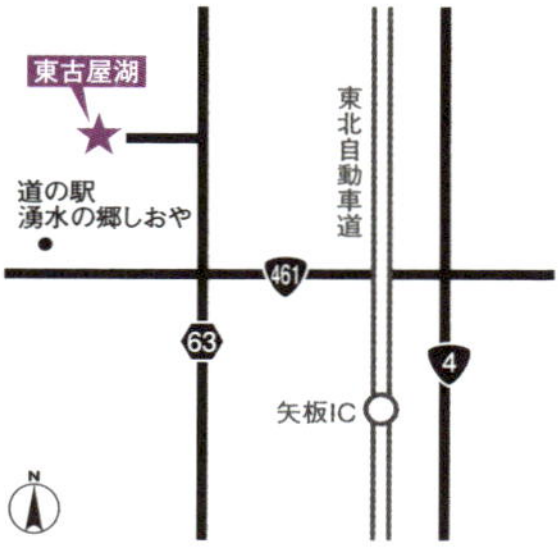

●アクセス／
矢板ICから国道461号～県道63号などを経由して約30分

Winter 75
にっこうすぎなみきかいどう
日光杉並木街道

スギの巨木が延々と続く並木道。雪の降った早朝、人通りもなく江戸の時代にタイムスリップしたような感覚になった。街道は緩やかな曲線を描いて続き、往時、皆歩いて東照宮を目指したのであろう。

Winter 76
しんきょう ゆきげしき
神橋の雪景色

朱塗りの橋には雪景色がよく似合う。いつも奥日光への行き帰りで見慣れた光景だが、雪の積もった早朝、思わず立ち寄った。朱色の反り橋が雪景色に浮かび、清流「大谷川」が深い紺色に染まる。神聖な場所に立つ雰囲気を味わえた。

Winter 75
日光杉並木街道　日光市瀬川

江戸時代から続く並木道

日光街道、例幣使街道、会津西街道に残る杉並木は、総延長37キロメートルに達する。徳川家康の近臣であった松平正綱が、三街道の両側に植えて東照宮に寄進したもので、樹齢約380年といわれる。現在は、約12,500本が残り、国の特別史跡・特別天然記念物に指定され、世界一長い並木街道としてギネスブックにも掲載されている。

▲冬のだいや川公園

> シーズン
>
> 四季を通して散策が楽しめる。ひと冬に数回降雪がある。

旅のワンポイント

瀬川地区の国道119号沿いに杉並木公園があり、両端と中央部にある駐車場を基点にすると散策しやすい。杉並木街道は砂利道で保護され、高さ30メートルを超える巨木の下は昼間でもうす暗く、往時を偲ばせてくれる。街道をのんびり歩き、杉並木公園の江連家屋敷や水車なども見て一周約1時間である。北側の大谷川沿いにはだいや川公園があり、四季を通して散策が楽しめる。

● 問い合わせ先／TEL.0288-22-1525（日光市観光協会）
● ちょっとひと息／道の駅日光：国道119号沿い

● アクセス／
今市ICから国道120号を経由して杉並木公園まで約5分

Winter 76
神橋の雪景色　日光市上鉢石町

世界遺産「日光の社寺」の玄関

大谷川に架かる全長28メートルの朱塗りの反り橋で、日光の社寺の表玄関を代表する建造物である。1636（寛永13）年の東照宮大造替のとき、庄内藩主の酒井忠次が寄進した。また、古くは勝道上人の行く手を阻んだ大谷川に大蛇が現れ、橋を架けたという伝説があり、山菅の蛇橋とも呼ばれた。

▲紅葉時期の神橋

> シーズン
>
> 四季を通して見物でき、新緑（5月）、紅葉（11月）時期は人気が高い。雪景色は12月～3月にかけて時々見られる。

旅のワンポイント

国道119号の橋の上から眺めるのが一般的。有料（300円）で橋の途中まで渡れるが、通り抜けはできない。世界遺産日光の社寺の入口になるので、いつも多くの観光客でにぎわっている。東照宮～輪王寺～二荒山神社と時間をかけて歴史的な建築物と文化的な遺産を見て歩きたい。

● 問い合わせ先／TEL.0288-22-1525（日光市観光協会）
● ちょっとひと息／道の駅日光：国道119号沿い

● アクセス／
日光ICから国道119号を経由して約10分

Winter view ⑰
かみながの ろうばい さと
上永野・蝋梅の里

山合いの里ではひと冬に数回雪の降ることがあり、そんなときは、シャッターチャンス。前日に入園許可を取り、早朝、雪化粧した花が朝日に輝く瞬間をねらう。後方には永野の名峰「三峰山」も見え、中腹には朝霧もかかっていた。

●お問い合わせ・詳細は101ページ参照 ▶▶▶

栃木県「道の駅」「まちの駅」「山の駅」のご案内

栃木県内には24箇所の「道の駅」のほか、多くの「まちの駅」と「山の駅」もあります。
休憩所としての利用はもちろん、ご当地グルメやお土産も多数あります。
多くの道の駅は趣向をこらして、イベントなども随時開催しています。
絶景を楽しんだら、ぜひ地元のそれぞれの「駅」にも立ち寄ってみてください。

① もてぎ

- 〒321-3531 栃木県芳賀郡茂木町大字茂木1090-1
- 0285-63-5171
- レストランあり
- 大型:5台　普通車:331(身障者用4)台
- 9:00～19:00(施設により異なる)〔10月～3月は18:00まで〕

② にのみや

- 〒321-4521 栃木県真岡市久下田2204-1
- 0285-73-1110
- レストランあり
- 大型:27台　普通車:32(身障者用2)台
- 9:00～18:00(季節により変更あり)

③ 湯の香しおばら

- 〒329-2801 栃木県那須塩原市関谷442
- 0287-35-3420
- レストランあり
- 大型:9台　普通車:182(身障者用7)台
- 9:00～17:00(12～2月は9:00～16:00)

④ 那須高原友愛の森

- 〒325-0303 栃木県那須郡那須町大字高久乙593-8
- 0287-78-0233
- レストランあり
- 大型:9台　普通車:153(身障者用3)台
- 8:00～18:00(10月～3月は9:00～18:00)〔施設により異なる〕

⑤ 明治の森・黒磯

- 〒325-0103 栃木県那須塩原市青木27
- 0287-63-0399　レストランあり
- 大型:13台　普通車:33(身障者用2)台
- 9:00〜18:00(10〜3月は9:00〜16:30)

⑥ ばとう

- 〒324-0617 栃木県那須郡那珂川町北向田181-2
- 0287-92-5711　11:00〜19:00(4〜10月)、〜17:00(11〜3月)
- 大型:6台　普通車:59(身障者用3)台
- 直売所8:00〜18:00(4〜9月)、〜17:00(10〜3月)

⑦ 東山道伊王野

- 〒329-3436 栃木県那須郡那須町大字伊王野459
- 0287-75-0653　レストランあり
- 大型:5台　普通車:132(身障者用2)台
- 8:30〜17:00(施設により異なる)

⑧ きつれがわ

- 〒329-1412 栃木県さくら市喜連川4145-10
- 028-686-8180　レストランあり
- 大型:7台　普通車:108(身障者用2)台
- 10:00〜23:00

⑨ どまんなか たぬま

- 〒327-0313 栃木県佐野市吉水町366-2
- 0283-61-0077　レストランあり
- 大型:22台　普通車:420(身障者用2)台
- 9:30〜19:00(施設により異なる)

⑩ はが

- 〒321-3304 栃木県芳賀郡芳賀町大字祖母井842-1
- 028-677-6000　レストランあり
- 大型:13台　普通車:404(身障者用4)台
- 9:00〜18:00(10月〜2月は9:00〜17:00)

⑪ 那須与一の郷

- 〒324-0012 栃木県大田原市南金丸1584-6
- 0287-23-8641　レストランあり
- 大型:12台　普通車:294(身障者用11)台
- 9:00〜18:00 ＜休み　1月の第3月曜日＞

⑫ 那須野が原博物館

- 〒329-2752 栃木県那須塩原市三島5-1
- 0287-36-0949　なし
- 大型:3台　普通車:89台
- 9:00〜17:00＜休み 月曜日(休日は開館)、年末年始、くん蒸期間中＞

⑬ みかも

- 〒323-1107 栃木県栃木市藤岡町大和田678
- 0282-62-0990　レストランあり
- 大型:39台　普通車:93(身障者用3)台
- 8:30〜20:00(施設により異なる)

⑭ 思川

- 〒323-0065 栃木県小山市大字下国府塚25-1
- 0285-38-0201　レストランあり
- 大型:29台　普通車:153(身障者用3)台
- 9:00〜19:00(11月〜2月は18:30まで)＜施設により異なる＞

⑮ 湯西川

- 〒321-2603 栃木県日光市西川478-1
- 0288-78-1222　レストランあり
- 大型:3台　普通車:49(身障者用3)台
- 9:00〜17:00(施設により異なる)

⑯ みぶ

- 〒321-0211 栃木県下都賀郡壬生町大字国谷1870-2
- 0282-82-3591　レストランあり
- 大型:42台　普通車:1577(身障者用34)台
- 9:00〜19:00(施設により異なる)

⑰ にしかた

- 〒322-0604 栃木県栃木市西方町元369-1
- 0282-92-0990　レストランあり
- 大型:17台　普通車:58(身障者用2)台
- 9:00〜19:00(11月〜3月は9:00〜18:00)<施設により異なる>

⑱ しもつけ

- 〒329-0431 栃木県下野市薬師寺3720-1
- 0285-38-6631　レストランあり
- 大型:87台　普通車:183(身障者用3)台
- 9:00〜19:00<休み第1・3水曜日(祝日は営業)、1/1〜3>

⑲ やいた

- 〒329-2165 栃木県矢板市矢板114-1
- 0287-43-1000　レストランあり
- 大型:8台　普通車:87(身障者用4)台
- 9:00〜18:00(冬季は9:00〜17:00)<水曜不定休、12/31〜1/3>

⑳ 湧水の郷しおや

- 〒329-2441 栃木県塩谷郡塩谷町大字船生3733-1
- 0287-41-6101　レストランあり
- 大型:6台　普通車:95(身障者用3)台
- 8:30〜17:00(施設により異なる)

㉑ うつのみや ろまんちっく村

- 〒321-2118 栃木県宇都宮市新里町丙254
- 028-665-8800　レストランあり
- 大型:12台　普通車:63(身障者用9)台
- 8:30〜18:00(施設により異なる)<休み　第2火曜日>

㉒ サシバの里いちかい

- 〒321-3423 栃木県芳賀郡市貝町大字市塙1270
- 0285-68-3485　レストランあり
- 大型:12台　普通車:164(身障者用3)台
- 9:00〜18:00(11月〜2月は9:00〜17:00)<休　毎週木曜日、1/1〜3>

 ㉓ 日光 Web Site

- 〒321-1261 栃木県日光市今市719-1
- 0288-25-7771　レストランあり
- 大型:7台　普通車:36(身障者用3)台
- 9:00～22:00(施設により異なる)

㉔ ましこ Web Site

- 〒321-4225 栃木県芳賀郡益子町大字長堤2271
- 0285-72-5530　レストランあり
- 大型:12台　普通車:131(身障者用7)台
- 9:00～18:00　＜休　第2火曜日＞

まちの駅 新・鹿沼宿 Web Site

- 〒322-0053 栃木県鹿沼市仲町1604-1
- 0289-60-2507　レストランあり
- 大型バス:5台　普通車:50台　身障者用:2台
- 9:00～19:00(施設により異なる)

まちの駅 清流の郷かすお Web Site

- 〒322-0421 栃木県鹿沼市下粕尾1308-1
- 0289-83-0012　レストランあり
- 大型車:3台　普通車:100台
- 9:00～16:00(火曜休)

やまの駅 たかはら   Web Site

- 〒329-2502 栃木県矢板市下伊佐野991-3
- 0287-43-1515　レストランあり
- 大型車:10台　普通車50台
- 9:00～16:00(4月～11月水曜休) 10:00～15:00(12月～3月／日金土祝のみ営業)

路線図

出かけよう、絶景栃木へ!

四季の変化を楽しもう
春夏秋冬、とちぎの自然は四季を通してそれぞれに魅力たっぷり。本書では絶景ポイントのベストシーズン・ベストショットを紹介してきたが、他の季節に出かけても、また趣の変わった感動に出会える。

自然の中を歩いてみよう
自然を見て楽しむには、やはり自然の中を歩くのが一番。五感を働かせ、新たな魅力が発見できれば、感動は倍増する。

準備はしっかり、マナーは守って
絶景ポイントへは、安易に行けるところもあれば、登山ハイキングとして数時間歩くところもある。場所や季節に応じた装備を整え、事前の情報収集、知識の習得につとめ、慎重に行動したい。また、自然はいつまでもそのままで、行動時のマナーはしっかり守りたい。

photo／冬の中禅寺湖、男体山(右)〜白根山(左)も一望

著者紹介

小杉 国夫 （こすぎ・くにお）

1956年栃木県生まれ、現在住
宇都宮大学農学部卒業後、出版社勤務。
1990年よりフリーの写真家として、関東、東北地方の主に花と風景を撮影。
日本写真家協会（JPS）会員。

著書

「とちぎ花ハイキング」（下野新聞社）
「日光の花」（下野新聞社）
「那須の花」（下野新聞社）
「北関東自動車で行く　群馬・栃木・茨城　花の旅」（下野新聞社）
「東北花の旅」（山と渓谷社）
「奥日光花と絶景ウォーキング」（河出書房新社）　ほか多数。

とちぎの絶景
Spectacular Tochigi Scenery

2019年 5月1日　初版発行
2020年12月17日　初版第2刷発行
写真・文／小杉国夫

編　集／嶋田一雄
　　　　桑原純子
デザイン／上野貴生（LUXPERIOR）
発　行／下野新聞社
　　　　〒320-8686　栃木県宇都宮市昭和1-8-11
　　　　TEL.028-625-1135（出版部）
　　　　FAX.028-625-9619
印　刷／株式会社井上総合印刷

定価はカバー裏に表示してあります。
落丁・乱丁本は送料小社負担にてお取り替えいたします。
本書の無断転写・複製・転載を禁じます。

©Kunio Kousugi 2019 Printed in Japan